DA

SPECTOR BOOKS

BEATRICE VON BISMARCK

Das Kuratorische

KU

KURATORIALITÄT
Die relationale Dynamik des Kuratorischen
... S. 11

KONSTELLATION
Die Versammlung im Öffentlichen … S. 99

RA

TO

TRANSPOSITION

Die Bewegung in Verschränkungen … S. 153

GASTFREUNDSCHAFT

Die Ambivalenzen der Großzügigkeit … S. 185

SC

Bibliografie … S. 229

HE

1] Die Publikationen, in denen sich die Aktualität des Themas seit den 1990er Jahren überblickshaft niederschlägt, reichen von Bauer, *Meta 2. A New Spirit in Curating*, 1992 und Greenberg, Ferguson, Nairne (Hg.), *Thinking about Exhibitions*, 1996; über Smith, *Thinking Contemporary Curating*, 2012; Martinon (Hg.), *The Curatorial*, 2013 und Hoffmann (Hg.), *Ten Fundamental Questions of Curating*, 2013 bis zu Gronemeyer, *The Curatorial Complex*, 2018. Zu den dem Kuratorischen gewidmeten Zeitschriften zählen *Curating.org, The Exhibitionist, und Red Hook: An Online Journal for Curatorial Studies sowie Journal of Curatorial Studies*. Die Formierung von auf das Ausstellungswesen bezogenen Interessensgruppen dokumentiert sich u.a. in International Association of Curators of Contemporary Art (IKT), Independent Curators International (ICI) sowie der Biennial Foundation.

KURATORIALITÄT
Die relationale Dynamik des Kuratorischen

Worum geht es, wenn wir über das Kuratorische reden, über ein kulturelles Feld, das seit dem ausgehenden 20. Jahrhundert Hochkonjunktur erlebt. Ganz unterschiedliche Fragen zum Öffentlich-Werden von Kunst und Kultur haben sich hier zu einem zentralen Themenfeld nicht nur innerhalb zeitgenössischer künstlerischer, sondern auch kulturwissenschaftlicher, kultursoziologischer und kunstphilosophischer Diskurse entwickelt. Phänomene wie die Globalisierung, die Beschleunigung des Ausstellungsbetriebs und der Ausbau des Museumswesens gehen Hand in Hand mit einem breiten Spektrum selbst-reflexiver, experimenteller Ansätzen im Umgang mit Ausstellungen, mit der Position der Kuratorin/des Kurators und mit dem Präsentieren von Kunst und Kultur. Eine intensivierte Publikationstätigkeit, die ihren Niederschlag in Monographien, Readern und spezialisierten Zeitschriften findet, bringt die Popularität zusätzlich zum Ausdruck; schließlich befinden sich in der weltweiten Gründung kuratorischer Studienprogramme sowie beruflicher Interessensvertretungen Akademisierung und Professionalisierung bereits im vollen Gange. 1] Eine Definition dessen, was die Grundzüge des Kuratorischen, seine Bedingungen und Möglichkeiten ausmacht und was dessen beson-

2] Zur Abgrenzung des „Kuratorischen“ von „Kuratieren“, vgl. Bismarck, „Curating/Curatorial“, in: Bismarck, Schafaff, Weski (Hg.), *Cultures of the Curatorial*, 2012, S. 21–38, hier S. 24: „Curating is a constellational activity. [...] By comparison, the curatorial is the dynamic field where the constellational condition comes into being.“

deren aktuellen Stellenwert begründet, steht bislang jedoch noch aus.

Mein Essay setzt hier an, indem er das Kuratorische, dasjenige kulturelle Handlungsfeld und Wissensgebiet, das auf das Öffentlich-Werden von Kunst und Kultur bezogen ist, als einen Praxis- und Sinnzusammenhang mit eigenen Strukturen, Bedingungen, Regeln und Verfahren vorstellt. Der Fokus soll dabei auf jenen Verhältnissen liegen, die das Kuratorische herstellt und die es zugleich konstituieren. Um das Verhältnis dieser Verhältnisse im Kuratorischen genauer beschreiben zu können, führe ich den Neologismus der Kuratorialität ein. Er ist der erste von insgesamt vier Begriffen, mit denen im Folgenden das Kuratorische charakterisiert wird. **2**]

Jede kuratorische Situation bedeutet ein Zusammenkommen im Interesse eines Öffentlich-Werdens von Kunst und Kultur. Auf diesem Wege entsteht dort ein Beziehungsgeflecht sämtlicher menschlicher und nicht-menschlicher Mitwirkender untereinander – der Exponate, Künstler*innen und Kurator*innen, aber auch aller übrigen Beteiligten, den Kritiker*-innen, Gestalter*innen oder Architekt*innen etwa, den institutionell Verantwortlichen, den verschiedenen Rezipient*innen und Publikumskreisen, ebenso aber auch den Displaygegenständen, Vermittlungsmedien und Architekturen, den Räumen, Orten, Informationen

3] Latour, „Ein Kollektiv von Menschen und nichtmenschlichen Wesen“, in: ders., *Die Hoffnung der Pandora*, 2000.

und Diskursen. Sie alle treten miteinander in neue Verbindung. Wenn es also um ein solches Öffentlich-Werden von Kunst und Kultur geht, geht es im Zuge der Neuverknüpfung immer auch um Veränderungen: Exponate finden sich in neuen Nachbarschaften wieder, gehen Beziehungen zu veränderten Räumlichkeiten, zu sozialen, ökonomischen und diskursiven Kontexten ein, treffen auf (eine ganze Reihe von) Menschen und nicht-menschlichen Wesen, **3**] die ihnen mal mehr und mal weniger vertraut sind. Dem Verbund, den Bedingungen, Prozessen, Modi und Effekten dieser dynamischen, mit dem Begriff der Kuratorialität gefassten Verhältnisse ist der vorliegende Band gewidmet.

Mit dem Fokus auf Kuratorialität nimmt das folgende Argument einen Perspektivwechsel innerhalb des aktuellen Diskurses vor: Ist dieser bislang durch die Auseinandersetzung mit dem Präsentationsformat der Ausstellung, der Subjektivierungsform der Kuratorin/des Kurators und der Tätigkeit des Kuratierens dominiert, so steht in Abgrenzung zu solchen partikularen Definitionen deren Zusammenspiel im Kuratorischen im Vordergrund. Unter der Perspektive der Kuratorialität kommen Tätigkeit, Subjektposition und entstehendes Produkt in ihrer Genese, Ausformulierung und Funktionen als immer schon dynamisch aufeinander bezogene zum Tragen. Dieser Blick auf

4] Archizoom zitiert nach Forty, *Words and Buildings*, 2004, S. 234.

5] *Italy: The New Domestic Landscape*, 26. Mai – 11. September 1972, Museum of Modern Art, New York.

eine relationale Konstitution von Rollen, Status und Funktionen der verschiedenen Mitwirkenden stellt die Veränderungen im Bereich des Kuratorischen seit den ausgehenden 1960er Jahren in Rechnung, die sich in einem weitgefassten Spektrum künstlerischer ebenso wie institutioneller Praktiken abzeichnen.

1972 verweigert sich die italienische Designer- und Architektengruppe Archizoom auf mehreren Ebenen den konventionellen Erwartungen an eine Ausstellungssituation: „Listen, I really think that this will be something quite out of the ordinary. Very expansive, clear, really well-ordered, with no hidden corners, you know. There will be a fine lighting, really brilliant, [...]. You see, there will be a lot of marvelous things, and yet it will look almost empty, it'll be so big, so fine." [4] Mit diesen Worten evozierte Archizoom die Vorstellung von einer Ausstellung, ohne dass Objekte im Raum platziert gewesen wären. Sie definierte sich stattdessen ausschließlich über sprachlich in Aussicht gestellte Erfahrungen. Der *Gray Room*, Teil der Ausstellung *Italy: The New Domestic Landscape* im Museum of Modern Art in New York, [5] überließ die Besucher*innen dem gesprochenen Wort, das sie dazu animierte, ihre je eigenen Vorstellungen davon zu entwickeln, in welcher Weise dieser Raum bespielt sein könnte. Dieser von einer Frauenstimme gesprochene und über Lautsprecher wiedergegebene Text füllte – zusam-

men mit den Ausstellungsbesucher*innen – den Raum, formte und gestaltete ihn als einen Erfahrungsort, der sich über die Evokation möglicher Beziehungen zwischen Rezipient*innen, Gehörtem, räumlichen Vorgaben, Beleuchtung sowie den im Text angesprochenen Dingen und Eindrücken konstituierte, über Beziehungen, die sowohl ästhetisch als auch emotional-affektiv bestimmt waren. War Ausstellen konventionell mit dem Zeigen von Kunst und Artefakten assoziiert, so brach der *Gray Room* mit diesen Konventionen, verzichtete er doch innerhalb der Ausstellungsabteilung „Counterdesign as Postulation" gerade auf die optische Präsentation materieller Exponate; stattdessen brachte er ein Beziehungsgeflecht architektonischer, auditiver und diskursiver Erfahrungen zum Tragen – und darin das raum-zeitliche Gefüge, welches sich in einer kuratorischen Situation zwischen allen an ihr Beteiligten ergibt und diese in ihren Aufgaben, Rollen und Positionen immer wieder neu definiert.

Historisch betrachtet brachte der *Gray Room* von Archizoom eine Veränderung des Verhältnisses zwischen Ausstellung und Exponat zum Ausdruck, mit der die ausgestellte künstlerische Arbeit nicht nur als eigenständige Ausstellung fungierte, sondern auch die Konventionen des Ausstellens thematisierte. Im *Gray Room* wurde zur Ansicht gebracht, was bis dahin eher als Begleitbedingung des Ausstellens

angesehen worden war: der Ausstellungsraum und seine Besucher*innen. Das Zentrum ihrer Anordnung zueinander blieb scheinbar leer, zu sehen waren ausschließlich der Austragungsort selbst und diejenigen, die ursprünglich zum Sehen gekommen waren und sich nun zum Klang der Stimme im Raum bewegten. Die Immaterialität von Wort und Klang und die Materialität der Architektur waren die Vorgaben für die Denk- und Körperbewegungen der Besucher*innen. Der *Gray Room* veranschaulicht, dass sich das Öffentlich-Werden, das konstitutiv mit der kuratorischen Praxis des Verknüpfens verbunden ist, mithin weder ausschließlich auf materielle Exponate beziehen, noch an stabile Anordnungen im Raum gekoppelt sein muss. Er bezeugt die neue Flexibilisierung von Rollen- und Funktionszuschreibungen der Mitwirkenden, durch die Ausstellungsbesucher*innen zugleich als Ausgestellte auftreten konnten, Räume sowohl Display- als auch Exponat Eigenschaften übernehmen und Künstler*innen, Architekt*innen, Kurator*-innen und Designer*innen mit vergleichbaren Aufgaben betraut waren. Er veranschaulicht schließlich, dass kuratorische Situationen nicht notwendigerweise durch die Präsenz von Objekten, wohl aber durch diejenige von Konventionen, Narrativen, Diskursen und Wertzuschreibungen bestimmt sind; zum Öffentlich-Werden muss nicht einmal vorrangig das lan-

6] Grundsätzlich zu dem von Pierre Bourdieu geprägten Begriff des „Felds" und zu dessen Ausdifferenzierung vgl. Bourdieu, Wacquant, *Reflexive Anthropologie*, 1996. Zur Ausweitung des Kunstfelds und ihren Institutionen vgl. Munder, Wuggenig (Hg.), *Das Kunstfeld*, 2012, darin besonders Kapitel 3, „Transformationen des Kunstfelds", S. 168–228; Schneemann (Hg.), *Localizing the Contemporary*, 2018; Marchart, *Hegemonie im Kunstfeld*, 2008.

ge mit dem Ausstellen verbundene Primat des Skopischen bedient werden, die Suggestion des gesprochenen Wortes kann dessen Funktion übernehmen.

Archizooms *Gray Room* belegt darüber hinaus beispielhaft die historischen Veränderungen des Kunstfelds, die eine wesentliche Voraussetzung für die Ausprägung und den Stellenwert des Kuratorischen im 21. Jahrhundert darstellen. Dessen Expansion begann sich in den 1960er Jahren abzuzeichnen und schlug sich in der Zunahme von Museen und Galerien, Ausstellungsaktivitäten und entsprechender Ausdifferenzierung auch im Bereich professioneller Aufgabenbereiche nieder. Ihre Beschleunigung nach 1989 und damit die weltweite Ausbreitung eines europäisch und nordamerikanisch geprägten Modells ineinandergreifender Praktiken und Institutionen der Kunst zählt zu den Folgen der Globalisierung. **6**] Hier sind die Strukturen angelegt, die innerhalb des kulturellen Feldes für die Herausbildung eines kuratorischen Bereiches verantwortlich sind. In ihm ist die Definition der spezifischen professionellen Tätigkeiten, Rollen und Formate seither in demselben Maße umstritten, wie man sich intensiv um sie bemühte. Sind konzeptuelle, institutionskritische, installative, prozessorientierte und kollektive Ansätze in der Kunst der 1960er und 1970er Jahre als Gegenreaktion auf die zunehmende Marktbestimmtheit des

Kunstfelds zu verstehen, so stellen sie zugleich auch förderliche Voraussetzungen für solche kulturellen Praktiken dar, die auf Vermittlung ausgerichtet sind und im Zentrum kuratorischer Aktivitäten liegen. Die gegenseitigen Übertritte zwischen den künstlerischen und kuratorischen Arbeitsbereichen fanden hier Nährboden und Legitimation. Während einerseits Künstler*innen mit eigenständig organisierten Ausstellungen, eigener Textproduktion und Anzeigengestaltung das – bislang vorrangig Kurator*innen vorbehaltene – Recht in Anspruch nahmen, über die Art und Weise des Öffentlich-Werdens ihrer Kunst und die damit verbundene Bedeutungsproduktion zu bestimmen, begannen andererseits Kurator*innen Praxisformen zu erproben, die erlaubten, unabhängig von Vorgaben einer institutionellen Festanstellung Formate zu entwickeln, die diesen künstlerischen Ansätzen gerecht wurden. In dieser institutionellen Unverbundenheit gründete aber auch die Reklamation von Subjektivierung und Kreativität für die eigene Tätigkeit – die bis dahin wiederum als Alleinstellungsmerkmale für Künstler*innen galten. Nicht nur auf Seiten der Künstler*innen, sondern eben auch der Kurator*innen kamen in dem Zusammenhang kollektive, vermittelnde, installative und konzeptuelle Ansätze zum Einsatz, die darauf zielten (und letztlich daran scheiterten), die eigene Marktförmigkeit zu

7] Für eine ausführliche Analyse der Spannung zwischen ökonomisch widerständigen Zielsetzungen und Appropriationen durch Marktmechanismen siehe Alberro, *Conceptual Art and the Politics of Publicity*, 2003.

unterlaufen und der bestehenden Logik ökonomisierter Definitionsmacht im Feld kritisch zu begegnen. 7]

Von den Potentialen dieser Flexibilisierung, die sich in den kuratorischen Verhältnissen seit den ausgehenden 1960er Jahren abzeichnet, sind meine folgenden Überlegungen zum Begriff der „Kuratorialität" motiviert. Ausgangspunkt war die Beobachtung, dass trotz der Diversifizierung kuratorischer Verfahren, Kompetenzen und Aufgabenbereiche dennoch das Bemühen um eine Definition des Berufs „Kurator", des Produkts „Ausstellung" oder der Handlungen „Kuratieren" im Vordergrund stand, um die Eigenschaften des Feldes von jeweils einem von ihnen aus zu erschließen. Dabei hat sich das Verständnis von Ausstellungen in Praxis und Theorie seit den 1960er Jahren entscheidend gewandelt. Die um ihre Funktion, ihre zeitlichen und räumlichen Vorgaben und Bedingungen, die an ihr Beteiligten und die für sie notwendigen Handlungen geführten Debatten haben sich in Zielsetzung und Methode dermaßen ausgeweitet, dass heute nicht mehr von einem klar umrissenen Medium ausgegangen werden kann. Weder erschöpft sich eine Ausstellung heute noch in ihrer dienenden Aufgabe, Kunstwerke und Artefakte für ein Publikum erfahrbar zu machen, noch fällt sie in eins mit den inhaltlichen Ansprüchen und Setzungen, die sie von Künstler*innen- oder Kurator*-

8] Zur Diversifizierung der aktuellen Debatten um das Format „Ausstellung" vgl. etwa Enwezor, *Großausstellungen und die Antinomien einer transnationalen globalen Form*, 2002; Jaschke, Martinez-Turek, Sternfeld (Hg.), *Wer spricht?*, 2005; Allen, *Artists' Magazines*, 2011; Bismarck, Frank, Meyer-Krahmer, Schafaff und Weski (Hg.), *Timing: On the Temporal Dimension of Exhibiting*, 2014.

innen-Seite erhält. Museum und Ausstellungshaus haben zudem ihr Vorrecht als mögliche Veranstaltungsorte eingebüßt, Eröffnung und Finissage erscheinen als mögliche, aber keineswegs inhärent notwendige Rahmungen des Ausstellungszeitraums und anstelle fest installierter Exponate und Displayformationen strukturieren vermehrt Dauer, Bewegung und Taktung der verschiedenen Elemente die Ausstellungssituation. **8**] Nicht zuletzt vor dieser entwicklungsgeschichtlichen Folie hat sich die Auffassung durchzusetzen begonnen, die Ausstellung selbst als ein eigenständiges kulturelles Produkt zu begreifen, als eine Herangehensweise, die mit der Aufwertung des mit Ausstellungen verbundenen kreativen Handlungspotentials einhergeht. Ein solches Verständnis dringt nachdrücklich darauf, dass zwischen den ausgestellten Werken und der Ausstellung als selbstständigem Zusammenhang eine Bedeutungsdifferenz mitgedacht werden muss, zeigt doch die Ausstellung immer *etwas*, nämlich die Exponate, aber eben auch *sich selbst*. Sie geht damit über das in ihr und durch sie Präsentierte hinaus und eröffnet zusätzliche eigene Kontexte, innerhalb derer sie sich verortet. Als Ergebnis, Medium, aber eben auch Werkzeug kuratorischer Praxis wohnt ihr ein Handlungspotenzial inne, mit dem sie auch an der Gestaltung der Relationen mitwirkt, welche sie ihrerseits konstituiert haben.

9] Zu den Entgrenzungstendenzen der Künste und ihren Folgen vgl. Rebentisch, *Ästhetik der Installation*, 2003; Menke, Rebentisch (Hg.), *Kunst, Fortschritt, Geschichte*, 2006. Stellvertretend für die Anlage künstlerischer Arbeit im Sinne einer situativ bestimmten Konstellation, die darin kuratorische Arbeitsweisen aufnimmt und sich aneignet, kann die Praxis von Michael Asher stehen. Vgl. zu einer Interpretation in diesem Sinne etwa Pelzer, „Michael Asher", in: McShine, *Museum as Muse*, 1999, S. 157.

10] Zu den repräsentationskritischen Ansätzen institutionskritischer Kunst der 1990er Jahre, die in ihrer Bezugnahme zu den Methoden und Inhalten der Cultural Studies und Kultursoziologie insbesondere Fragen des Displays, der Öffentlichkeit und der Vermittlung adressierten vgl. Bismarck, Stoller, Wuggenig (Hg.), *Games Fights Collaborations*, 1996; Michalka (Hg.), *to expose, to show, to demonstrate, to inform, to offer*, 2016.

11] Milevska, „Becoming-Curator", in: Martinon (Hg.), *The Curatorial*, 2013, S. 65–72. Zu Ausbildungsprozessen, innerhalb derer sich die Subjektivierungsform von Kurator*innen entwickelt, vgl. Molis, *Kuratorische Subjekte*, 2019.

12] Stefan Nowotny verweist auf die Wurzel des Berufs in dieser frühen gesellschaftlichen Stellung, ders., „The Curator Crosses the River", in: Martinon (Hg.), *The Curatorial*, 2013, S. 59–64.

Diese Entwicklung des Verständnisses von Ausstellungen vollzieht sich in großer Nähe und wechselseitigem Austausch mit den Entgrenzungstendenzen der Künste seit den 1960er Jahren, mit denen im Zuge von konzeptuellen, performativen und installativen Arbeitsformen auch der Werkcharakter eine erweiterte, und damit häufig Ausstellungen nicht unähnliche Definition erhielt. 9] Institutionskritische und kontext-sensitive Ansätze, die in den 1990er Jahren der repräsentationskritischen Ausrichtung der Cultural Studies wesentliche methodische und inhaltliche Impulse verdanken, lassen die Grenzen zwischen künstlerischen, kuratorischen und institutionellen Praktiken und Rollen seither zunehmend durchlässiger werden. 10]

Auch die Bestimmung und Bewertung der Subjektpositionen, die in dem Zusammenhang eingenommen werden können, hat sich entsprechend vielseitig entwickelt. Die Zuschreibung eines Autor*innen-Status an Kurator*-innen erfolgte im Rahmen dieser praktischen und diskursiven Entwicklung. An ihr wiederum setzt die um diesen Status geführte Kontroverse an, mit der sich die Position der Kuratorin/des Kurators sowohl zu einer der „'sexiest' professions" 11] als auch zur meistumstrittenen entwickelt hat. Ursprünglich im Sinne eines Verwalters, auch im gesellschaftlichen Sinne, 12] gedacht, ließen Professionalisierung und

13] Vom neuen Typus des Vermittlers als „Helden" spricht Walter Grasskamp, „Modell documenta oder wie wird Kunstgeschichte gemacht?", in: *KUNSTFORUM international*, Bd. 49, April/Mai 1982, S. 21–22. Ein historisch prominentes Beispiel der konkurrenten Beziehung von Künstler*innen und Kurator*innen ist Daniel Burens Beitrag zur documenta 5 in Kassel 1972. Mit ihm wurden wesentliche Aspekte der Debatte um das Verhältnis zwischen Kurator*innen und Künstler*innen zum Tragen gebracht. Vgl. Buren, „Ausstellung einer Ausstellung", in: *documenta 5*, 1972, S. 17–29. Zu der sich anschließenden Debatte siehe Buren, „Where are the Artists", in: Hoffmann, *The Next Documenta Should be Curated by an Artist*, 2004, S. 26; Bismarck, „Der Meister der Werke", in: Fleckner, Schieder, Zimmermann (Hg.), *Jenseits der Grenzen*, 2000, S. 215–229; Martin, Nordgren (Hg.), *The Producers: Contemporary Curators in Conversation*, 2000; Buren, „Where are the Artists", in: Hoffmann, *The Next Documenta Should be Curated by an Artist*, 2004, S. 26; Vidokle, „Art Without Artists?", 2010; Bismarck, in: „Letters to the Editors: Eleven Responses to Anton Vidokle's ‚Art Without Artists?'", e-flux journal, 18. Sept. 2010.

Ausdifferenzierung im Kunstfeld den Begriff „Kurator“ zu einer inhaltlich und hierarchisch strukturierten Berufsbezeichnung werden. Das Aufkommen freier Kurator*innen seit den späten 1960er Jahren, die Ausstellungen unabhängig von einer institutionellen Anstellung realisierten, gilt als Wendepunkt in der Geschichte der Profession, in deren Verlauf die gelegentlich fast kulthafte Aufwertung dieser Rolle Künstler*innen und Kunstkritiker*innen auf eine nachrangige Position im Kunstfeld zu verweisen schien. **13**]

Es wäre allerdings verkürzt anzunehmen, dass es sich dabei um die einseitige Machtzunahme einer einzelnen Profession, derjenigen von Kurator*innen, handelte. Ihre veränderte Rolle ist vielmehr das Ergebnis relationaler Prozesse der Neupositionierung im Kunstfeld, in die sämtliche dort eingenommenen Positionen einbegriffen waren. Denn zeitgleich mit der Herausbildung der Profession des „freien Kurators“ vollzogen sich vielgestaltige Übertritte zwischen dem Bereich des Kuratorischen und verschiedenen künstlerischen und wissenschaftlichen Professionen, durch die Aufgabenbereiche, Kompetenzen und Methoden von Kurator*innen kontinuierlich zur Diskussion gestellt und neu verteilt wurden und werden. Mit ihnen werden Künstler*innen ebenso zu Kurator*innen wie zu Herausgeber*innen, Netzwerker*innen oder Theoretiker*innen, Phi-

14] Im Zusammenhang mit gegenseitigen Rollenübertritten seitens Künstler*innen, Kurator*innen und Wissenschaftler*innen vgl. etwa die Ausstellungen von Soziologe*innen und Wissenschaftler*innen, wie Jean Francois Lyotard, *Les Immateriaux* im Centre George Pompidou, Paris (1985), Bruno Latour, *Iconoclash. Jenseits der Bilderkriege in Wissenschaft, Religion und Kunst* (2002), *Making Things Public: Athmospheres of Democracy* (2005), *GLOBALE: Reset Modernity* (2016) sowie *Critical Zones* (geplant für 2020) alle im ZKM Karlsruhe oder Wolfgang Scheppe *Die Dinge des Lebens/Das Leben der Exponate*, Residenzschloss Dresden (2014), *Die Vermessung des Unmenschen – Zur Ästhetik des Rassismus*, Lipsiusbau, Dresden (2016), *Die heilige Ware*, Johann Jacobs Museum, Zürich (2017); ferner die von Anton Vidokle mitkonzipierten und -verantwortete Publikations-, Ausstellungs- und Anzeigen-Formate „e-flux journal" und „art & education" sowie den von Elena Filipovic herausgegebenen Sammelband *The Artist as Curator*, 2017.

15] Die Auffassung, dass Kurator*innen Kunstwerke „heilen", indem sie ihnen eine Öffentlichkeit verschaffen, die diese selbst nicht in der Lage sind herzustellen, vertritt etwa Boris Groys, „The Curator as Iconoclast", in: *Bezalel. Proceedings of History and Theory*, 2, Frühjahr 2006, o. S.

16] Für ein Verständnis kuratorischer Praxis im Sinne eines bedeutungsstiftenden Verfahrens siehe etwa Rogoff, „Smuggling: A curatorial model", in: Müller, Schafhausen (Hg.): *Under Construction: Perspectives on Institutional Practices*, 2006, S. 124–127.

losoph*innen oder Soziolog*innen treten ihrerseits als Ausstellungsmacher*innen in Erscheinung – die Rollen etwa eines *artist-curator* oder eines *curator-choreographer* entwickelten sich zu gängigen Modellen. **14**]

Entsprechend diversifiziert fällt damit auch die Definition der Praxis aus, die mit dem Kuratorischen in Verbindung gebracht wird. Angesiedelt ist die Tätigkeit des Kuratierens in einem Spektrum zwischen heteronomer Dienstleistung einerseits und eigenständig gestaltenden und sinnstiftenden Potentialen anderseits. Als Dienstleistung ist sie maßgeblich auf eine im Sinne der künstlerischen Vorgaben bestmögliche Präsentation ausgerichtet und soll, als eine der Kunst äußerliche Aktivität, das für Kunst notwendige Öffentlich-Werden überhaupt erst garantieren. **15**] Zum Tragen kommt hier die etymologische Herleitung von dem lateinischen Begriff „curare" im Sinne von „sorgen, sich kümmern, pflegen", die das Berufsfeld von Anfang an begleitet hat. Am anderen Ende des Spektrums treten dagegen die verändernden, bedeutungsstiftenden Effekte, die im Zuge des Zusammenstellens im Öffentlichen zum Tragen kommen, stärker in den Vordergrund. **16**] In dieser Spanne zwischen untergeordneter Hilfsleistung und eigenständiger kreativer Produktion fallen die Zuordnungen an kuratorische Arbeit höchst unterschiedlich aus: sie reichen von praktischen, administrativen und organisa-

17] Brennan: *Curating Consciousness. Mysticism and the Modern Museum*, 2010; Waugh, *Recycling Spaces: Curating Urban Evolution*, San Francisco 2012; Krysa, „Some Questions on Curating as (Public) Interface to the Art Market“, in: APRJA, 1/1, 2011.

18] Vgl. Balzer, *Curationism. How Curating Took Over the Art World and Everything Else*, 2014; Bhaskar, *Curation: The power of selection in a world of excess*, 2016.

torischen Techniken und Fertigkeiten bis zu konzeptionellen Anforderungen der Programmgestaltung, der Verknüpfung von bislang Unverbundenem sowie der sinnstiftenden Vermittlung zwischen sämtlichen Beteiligten. Das Anwendungsgebiet dieser Tätigkeit weitet sich aber auch auf verschiedenste andere Lebensbereiche aus: Mit der Elastizität ihrer Bedeutung lässt sich nicht nur das eigene Bewusstsein, sondern auch Stadtentwicklung und iPhone-Apps ebenso „kuratieren" wie Gottesdienste. **17**] Die Verwendung des Begriffs im Netz zur Charakterisierung individueller Selbstverbesserungs- und Inszenierungspraktiken – „curate your resume" – oder von auf persönliche Kaufgewohnheiten zugeschnittenen Angebotslisten, – „curated shopping" – verleiht seiner Popularität schließlich eine alltagsweltliche Grundierung. In dem ubiquitären Gebrauch droht sich allerdings zugleich auch seine Spezifik aufzulösen. **18**]

Um den Potentialen und Bedingungen, die für das Kuratorische spezifisch sind, nachdrücklich Profil zu verleihen, nehmen die folgenden Überlegungen mit der Hervorhebung der je eigenen Verhältnisse eine Schwerpunktverlagerung im Vergleich zum bisherigen Diskurs vor. Anstatt das Präsentationsformat der Ausstellung, die Subjektivierungsform der Kuratorin/des Kurators und die Tätigkeit des Kuratierens jeweils für sich genommen zu behandeln, wer-

den sie als Bestandteile der sich situativ stets neu artikulierenden Relationen aufgefasst. Unter der Perspektive der Kuratorialität rücken also das andere, aber auch sich selbst verwandelnde relationale Gewebe der kuratorischen Situation, seine Voraussetzungen und Bedingungen sowie die darin zum Tragen kommenden Handlungsmöglichkeiten in das Zentrum der Auseinandersetzung.

Grundlegende Parameter der Kuratorialität sind zum einen ihre kollektive Anlage und zum anderen ihre Ausrichtung auf eine Öffentlichkeit. Eine kuratorische Situation kommt nur in der Einbindung mehrerer Mitwirkender zustande. Dabei gilt es, weder ausschließlich Exponate, noch soziale Akteur*innen, sondern menschliche und nicht-menschliche Mitwirkende in ihrem agentialen Zusammenwirken innerhalb des relationalen kuratorischen Gefüges in den Blick zu nehmen. So wenig, wie von nur einer*m einzelnen Verantwortlichen für eine Ausstellung ausgegangen werden kann, so wenig sich Ausstellungsgeschichte ausschließlich über prominente Kurator*innen-Figuren schreiben lässt, so wenig machen für sich genommen einzelne Künstler*innen, Kunstwerke, Institutionen oder bestimmte Publikumskreise eine kuratorische Situation aus. Entsprechend ist es weder ausgemachte Sache, dass Kurator*innen stets für die administrativen, organisatorischen, vermittelnden und konzeptionellen Arbeiten in

19] Zur Mitwirkung von Displaymedien im Sinne von Agenten vgl. Grave, Holm, Kobi, van Eck (Hg.), *The Agency of Display*, 2018.

20] Vgl. Krysa, „Some Questions on Curating as (Public) Interface to the Art Market", 2011. Zum Netzwerkbegriff im Kontext des Kuratorischen siehe auch Krysa, „The Politics of Contemporary Curating: A Network Perspective", in: Martin, *The Routledge Companion to Art and Politics*, 2015, S. 114–121.

Ausstellungen zuständig sind, noch kann davon ausgegangen werden, dass die für das Kuratorische zentralen Praktiken des Zusammenstellens und Öffentlich-Machens nur dann kreative Anteile besitzen, wenn sie von Künstler*innen ausgeführt werden. Innerhalb dieses erweiterten Felds von Akteur*innen sind die anfallenden Tätigkeiten stets in ihrer möglichen Verteilung auf die verschiedenen Mitwirkenden samt der daran gekoppelten bedeutungsstiftenden Zuschreibungen zu begreifen. Sie sind damit nie ausschließlich individualisiert gefasst. Wie auch Vitrinen, Sockel oder Stellwände ihren Status mit Exponaten und Performer*innen teilen können, trifft auch für sie eine relationale Flexibilisierung der Funktionszuschreibung zu. **19**] Die aktuelle Ausprägung digitaler „kuratorischer Plattformen", die im Zusammenspiel von menschlichen und nicht-menschlichen Mitwirkenden als sozio-technische Systeme auftreten, setzen deren klare Unterscheidbarkeit nochmals nachdrücklich außer Kraft. **20**] Mit welchem Ziel oder in wessen Interesse die menschlichen und nicht-menschlichen Mitwirkenden zum Einsatz kommen und sich einbringen, das basiert, wie in den jüngsten Entwicklungen deutlich wird, auf Konventionen, die in Praxis und Theorie ebenso neu verhandelbar sind, wie die Voraussetzungen und Bedingungen, unter denen die Mitwirkung erfolgt. Erst im Zusammenspiel, der Ausgestaltung ihrer

21] Bini Adamczak nimmt mit dem Begriff der „Beziehungsweise" nicht nur das Bestehen eines Verhältnisses in den Blick, sondern vor allem auch die Art und Weise, in der es besteht. Mit dem Ziel, wie sie schreibt, Kapitalismus nicht besser verstehen, sondern leichter verändern zu können, ermöglicht ihr die beziehungstheoretische Perspektive das „Gefüge von ineinandergreifenden Beziehungsweisen, lebendiger wie dinglicher Kraft" in den Blick zu nehmen. Vgl. Adamczak, *Beziehungsweise revolution. 1917, 1968 und kommende*, 2017, darin das Kapitel „Bzw. Der Begriff der Beziehungsweise", S. 239–257, hier S. 248.

22] Zur Geschichte des Mediums der Ausstellung vgl. Koch, *Die Kunstausstellung: Ihre Geschichte von den Anfängen bis zum Ausgang des 18. Jahrhunderts*, 1967; Klonk, *Spaces of Experience. Art Gallery Interiors from 1800 to 2000*, 2009.

Beziehungen untereinander sowie deren gegenseitiger formativer Wirksamkeit gewinnt die kuratorische Situation ihre jeweilige Ausprägung. Sie mit einem relationalen, auf Beziehungsweisen **21**] fokusierten Ansatz zu betrachten, ermöglicht, das Gefüge ineinandergreifender Formen von Verhältnissen in den Fokus zu rücken. Dieser Blick erlaubt entsprechend, die Beziehungen unter den Bedingungen ihrer Entwicklung und wechselseitigen Prägung zu verfolgen, tradierte Hierarchien, Festschreibungen, Abhängigkeiten, Privilegien und Handlungsweisen, die bis heute bestimmend sind für die Position von Kurator*innen, das Format Ausstellung, den Status des Exponats sowie die mit dem Kuratieren assoziierten Aufgaben, in ihrer Konstruktion nachzuvollziehen, in Frage zu stellen, aufzulösen und neu zu bestimmen. Erst das Bewußtsein vom Gewebe des kuratorischen Verbunden- und Bezogenseins der Beteiligten aufeinander ermöglicht ein Verständnis ihrer gegenwärtigen, aber auch möglichen zukünftigen Teilhabe am Zusammenkommen und Öffentlich-Werden.

Denn eingeschrieben in das spezifisch kuratorische Miteinander ist seine Ausrichtung auf das Öffentlich-Werden. Kunst und Artefakte zu präsentieren stellt die das Medium Ausstellung begründende Funktion dar. **22**] Die Ausstellung übernimmt damit zunächst eine wesentliche Rolle für das Öffentlich-Werden von Kunst, für

23] Martin Seel versteht Kunstwerke in Abgrenzung zu anderen Objekten dadurch gekennzeichnet, dass sie Darbietungen sind, und zwar „Darbietungen *im Medium des Erscheinens*" und dass „sie *sich* so präsentieren, dass wir *etwas* von ihnen präsentiert finden können." Vgl. Seel, *Ästhetik des Erscheinens*, 2000, S. 157, S. 176.

24] Vgl. Rebentisch, *Ästhetik der Installation*, 2003, S. 90 im Verweis auf Luhmann, *Die Kunst der Gesellschaft*, 1995.

das Erscheinen von Kunst als Kunst. **23**] Sie – und in ihrer Erweiterung auch andere Formate der Präsentation, wie etwa das Buch, die Einladungskarte oder die Aufführung – etablieren Öffentlichkeitsverhältnisse, in denen aus kultursoziologischer Warte zum Tragen kommt, dass Kunstwerke als „Sozialmedien" zu verstehen sind, die für Betrachter*innen entstehen. **24**] Das in und durch Ausstellungen öffentlich Werdende beschränkt sich aber nicht auf Kunst allein, sondern schließt, um das noch einmal zu betonen, Elemente mit ganz unterschiedlichem Status ein – von Artefakten über die verschiedenen zum Einsatz gebrachten Displaymittel bis zur architektonischen oder urbanen Rahmung. Sie sind Bestandteile der kuratorischen Situation, treten, während sie an der Präsentation der Exponate mitwirken, ihrerseits in Erscheinung und sind Bausteine von Narrativen. In ihrem Kontext treten sie stets „als" etwas auf, insofern sie ihre Aufgabe, Funktion und Bedeutung im jeweiligen Präsentationszusammenhang erhalten. Zu diesen nicht-menschlichen Wesen kommen die menschlichen hinzu und befinden sich im Zustand des Öffentlichen. Künstler*innen, Kurator*innen, Vermittler*innen, das Aufbauteam oder die Aufsicht sind in ganz unterschiedlicher Weise am Zustandekommen und der Ausgestaltung der kuratorischen Situation nicht nur beteiligt, sondern damit auch Teil der zum Öffentlichen hergestellten

25] Zu den Ausprägungen des kuratorischen sozialen Zusammenkommens im Sinne einer „res publica“, eines Ortes der Verhandlung und Demonstration vgl. in der Reihenfolge der Nennung Latour, „From Realpolitik to Dingpolitik or How to Make Things Public“, in: Latour, Weibel (Hg.), *Making Things Public: Atmospheres of Democracy,* 2005; Forensic Architecture (Hg.), *Forensis*, 2014; Nancy, *The Ground of the Image*, 2005.

Beziehungen. Sie alle, menschliche und nichtmenschliche Beteiligte, versammeln sich und andere öffentlich um sich herum, beziehen damit weitere Kreise von Rezipient*innen als integrierte Bestandteile des kuratorischen Zusammenhangs mit ein. Sie schaffen eine Situation ästhetischer Erfahrung ebenso, wie sie sie, im Sinne einer Latour'schen „res publica", zu ihrer Öffentlichkeit werden lassen. Sie setzen sich zu einem im erweiterten Sinne verstandenen sozialen Ensemble zusammen, das zu Verhandlungsprozessen ebenso zusammenkommen kann, wie zu solchen der Proklamation, Demonstration oder Beweisführung. **25]**

Dieses öffentliche kuratorische Zusammenkommen besitzt eine spezifische Eigenzeitlichkeit. Formen des Verlaufs und des Überdauerns, Prozesse des Entstehens ebenso wie des Vergehens, Phasen des Sichtbar- und Nicht-Sichtbar-Seins kennzeichnen die Teilnehmer*innen und die Verhältnisse zwischen ihnen. Das bedeutet zunächst, dass die kuratorische Situation deren jeweilige körperliche, mediale und materielle Verfasstheit in sich aufnimmt, die über Stabilität, Flexibilität, Beweglichkeit und Vergänglichkeit bestimmt. Darüber hinaus ist auch das kuratorische Ensemble selbst durch Rhythmen, Prozesse und Zäsuren gekennzeichnet, in die sich institutionelle Konventionen, Präsentationsmodi und Öffentlichkeitsperioden, Verweildauer und Bewegungen zusätzlich zu den zeit-

26] Vgl. Bismarck, Frank, Meyer-Krahmer, Schafaff, Weski (Hg.), *Timing: On the Temporal Dimension of Exhibiting*, 2014. Zu den Verflechtungen der Fragestellungen, die sich im Bereich des Kuratischen und der performativen Künste ergeben vgl. außerdem Hanak-Lettner, *Die Ausstellung als Drama*, 2010; Bismarck, „Relations in Motion", in: *Frakcija*, 55, 2010, S. 50–57; Malzacher, Warsza (Hg.), *Empty Stages, Crowded Flats*, 2017; Foellmer, Schmidt, Schmitz (Hg.), *Performing Arts in Transition*, 2019.

27] Zu den Dimensionen kuratorischer Geschichte(n) und Geschichtlichkeit vgl. ausführlicher: Bismarck, Frank (Hg.), *Of(f) Our Times: Curatorial Anachronics*, 2019.

28] Vgl. Appadurai (Hg.), *The Social Life of Things*, 1986, darin ders.: „Introduction: Commodities and the Politics of Value", S. 3–63 sowie Kopytoff, „The Cultural Biography of Things: Commoditization in Process", S. 64–9. Zur Auseinandersetzung Appadurais mit der Bedeutung von Dingen im kuratorischen Zusammenhang siehe „Tournament of Value. Arjun Appadurai in conversation with Beatrice von Bismarck and Benjamin Meyer-Krahmer", in: Bismarck, Meyer-Krahmer, (Hg.), *Curatorial Things*, 2019, S. 215–226. Aus der Perspektive des Diskurses um Posthumanismus und New Materialism betont Fiona R. Cameron die performativen Effekte, die der Geschichte der materiellen Komposition von Dingen und deren Interaktionen im Kontext von posthumanen Museumspraktiken zukommen. Über einen Eimer, der Ausstellungsstück im Museum Victoria, Melbourne, ist, schreibt sie: „In considering the bucket as ‚thingness' and as ‚composition', and the description of its elements, materials and stories attributed to it as ‚actants' and as ‚agency', and the term ‚performativity' to describe the interaction of the actants as part of the extended, networked composition, allows us to move beyond the social construction of the ‚object', ‚artefact' and ‚collection'." Vgl. Cameron, „Posthuman Museum Practices", in: Braidotti, Hlavajova (Hg.), *Posthuman Glossary*, 2018, S. 349–352, hier S. 352.

lichen Eigenschaften der einzelnen Mitwirkenden einschreiben. 26] Zeitlichkeit kann damit letztlich als ein dritter Parameter von Kuratorialität gelten, da sie unlöslich mit der doppelten Bewegung verbunden ist, die das Kuratorische durch das Versammeln einerseits und die öffentliche Ausrichtung andererseits, vollzieht. In der Verbindung integrativer und distributiver Kräfte versetzt das Kuratorische Mitwirkende, die Relationen zwischen ihnen und das relationale Gefüge, das sie konstruieren in eine raum-zeitliche Dynamik, die ihrerseits eigene Formen der Historizität, Prozessualität und Unabgeschlossenheit hervorbringt.

So vereinen Ausstellungen stets unterschiedliche Geschichten und Geschichtlichkeiten in sich, die Dinge und Menschen durch ihre Entstehungsgeschichten und -bedingungen sowie die an sie gebundenen Bedeutungen, Funktionen und Status einbringen. 27] Die Dinge fügen, mit Igor Kopytoff gesprochen, ihre jeweilige „kulturelle Biographie" dem relationalen Gewebe der kuratorischen Situation ebenso hinzu wie, in der Begrifflichkeit Arjun Appadurais, ihr „soziales Leben", die Aufgaben, Funktionen, Bedeutungen und Status also, die sie im Laufe ihrer Existenz und des Umgangs mit ihnen durchlaufen haben. 28] Dasselbe gilt aber auch für die menschlichen Teilnehmer*innen. Ihre biographischen und sozialen Vergangenheiten sind wirkungsmächtige Bestandteile

29] Der konsekrierende Effekt der Institution tritt in solchen Ausstellungsbeispielen in besonderem Maße zum Vorschein, die entweder kritisch-explizit auf ihn anspielen, wie Goran Djordjevićs Präsentation *International Exhibition of Modern Art, featuring Alfred Barr's Museum of Modern Art, New York, 1936*, 2003 im Pavillon von Serbien und Montenegro auf der venezianischen Biennale oder die umgekehrt affirmativ und kommerziell wirksam auf ihn aufsatteln, wie in *Das MoMA in Berlin. Meisterwerke aus dem Museum of Modern Art, New York*, Neue Nationalgalerie, Berlin, 2004.

des kuratorischen Zusammenhangs, kommt in ihnen doch die historische Konstitution des Verständnisses von Aufgaben, Rollen, Funktionen und Status von Künstler*innen, Kurator*innen, von Vermittler*innen, Künstler*innen, Gestalter*innen, Besucher*innen, Aufsichtskräften oder Galerist*innen in ihrem relationalen Geformt-Sein und Sich-Formieren zum Tragen.

Entsprechend spielen darüber hinaus auch die Relationen selbst, die die einzelnen menschlichen und nicht-menschlichen Mitwirkenden in früheren Zeiten eingegangen sind, eine wesentliche Rolle. Sie sind verantwortlich für deren vormalige ebenso wie aktuelle Bedeutung, Funktion und Position, besitzen aber auch eigene Agency. So wie ein vorübergehendes Nachbarschaftsverhältnis zweier Werke in der Sammlung des New Yorker Museum of Modern Art zum Ausweis der Qualität beider Werke werden kann, die wiederum jede weitere kuratorische Zusammenführung sowohl adeln, wie auch die Mechanismen der Wertschätzung oder von Ein- und Ausschluss exponieren kann, so besitzt auch die vormalige Beziehung zu Orten, Institutionen, Praktiken oder Akteur*innen in unterschiedlicher Weise agentiale Präsenz in Ausstellungen. **29]** Wie für die Exponate, geht auch für die vormaligen Beziehungsweisen die kuratorische Neu-Integration mit ihrer Appropriation durch das jeweilige Narrativ einher.

30] Pierre Bourdieu unterteilt in vier, potentiell gegeneinander konvertierbare Kapitalsorten, das soziale, das kulturelle, das ökonomische und das symbolische. Vgl. Bourdieu, „Ökonomisches Kapital, kulturelles Kapital, soziales Kapital", in: Kreckel (Hg.), *Soziale Ungleichheiten*, 1983, S. 183–198.

31] Sämtliche Mitwirkende als „in action" zu verstehen nimmt die Charakterisierung von Susan M. Pearce auf, die diese allerdings ausschließlich für Exponate verwendete. vgl. Pearce, *Museums, Objects and Collections*, 1992, S. 210–211.

In diesem selektiven und umdeutenden Prozess werden auch die in den Beziehungsweisen generierten Wertigkeiten und Kapitalsorten, die in der Definition Bourdieus jenseits des Ökonomischen sozial, kulturell und symbolisch auftreten können, transferiert und neu verknüpft.[30]

Als ein solchermaßen komplexes System sich durchkreuzender und ineinander verschränkender historischer und aktueller Beziehungsweisen besitzt die kuratorische Situation ein durch die Zeiten hindurch wirkendes, veränderndes Potenzial. Die generativen, dynamisierenden Effekte kennzeichnen das kuratorische Zusammenstellen im Öffentlichen als eine performative Praxis. Durch die Veränderungen, denen sie die Beteiligten, deren Verhältnisse untereinander und sich selbst unterzieht, prozessiert und generiert sie Bedeutung. Menschen und Dinge sowie die Situation, die sie vereint, befinden sich im Werden, „in action“[31] und lassen sich nur im Rahmen der relationalen Prozesse begreifen. Insofern die einzelnen Mitwirkenden und ihre Beziehungen untereinander in unterschiedlichen Zusammenhängen und wiederholt öffentlich werden können, nimmt die kuratorische Situation damit Eigenschaften der aufführenden Künste in sich auf. Mit jedem neuen Auftritt verschieben sich die Bedeutungen der einzelnen Mitwirkenden und ihrer Verhältnisse.

32] Zur frühen Geschichte des „Phänomens" der Kunstausstellung vgl. Koch, *Die Kunstausstellung*, 1967.

33] Zu der Mitwirkung nicht-menschlicher Mitwirkender an kuratorischen Situationen, die sich explizit den performativen Künsten verpflichtet sehen vgl. etwa Lepecki, „Thing/Dance/Vagueness. Choreographic Challenges to Curating", in: Bismarck, Meyer-Krahmer (Hg.), *Curatorial Things*, 2019, S. 103–117 sowie Malzacher, „I Guess the Objects Remained Rather Unimpressed", ebd., S. 119–130.

34] Mit der infrastrukturellen Funktion ist die Kraft von Beziehungen angesprochen, Bewegung zu ermöglichen und damit gestaltend zu wirken. Mit dieser Eigenschaft besitzen Infrastrukturen sowohl kontrollierendes und definierendes, als auch widerständiges Potential. Epistemisch betrachtet, sind sie Garanten für Verständlichkeit und ihre Unterbrechungen legen die Voraussetzungen für die Bedeutungszusammenhänge frei. Vgl. dazu ausführlicher Povinelli, „Aesthetic Analytics #2: The Infrastructure Summit", 3. September 2016, *Bergen Assembly–freethought's The Infrastructure Summit;* Easterling, *Extrastatecraft: The Power of Infrastructure Space*, 2014; Vishmidt, „Between Not Everything and Not Nothing: Cuts Toward Infrastructural Critique", in: Hlavajova, Sheikh (Hg.): *Former West*, 2016, S. 265–269.

Dabei ist charakteristisch für die kuratorische Situation, dass den Dingen im Vergleich zu den anderen performativen Künsten ein größerer Stellenwert als Agenten zukommt, insofern die Präsentation von Kunst und Artefakten das Ausstellungsformat und -medium historisch begründend implizierte.32] Die übrigen Mitwirkenden, – Besucher*innen oder Mitarbeiter*innen einer Institution etwa, aber auch eine Architektur oder eine Vitrine – ebenfalls der Gruppe der kuratorisch Exponierten zuzurechnen, leitet sich aus der ursprünglichen Aufgabenstellung der Ausstellung ab. Die nichtmenschlichen Exponate besitzen die Kraft der Versammlung. Sie können menschliche Teilnehmende um sich herum zusammenkommen lassen und Gemeinschaften bilden. Erst in diesem raum-zeitlichen Verbund wiederum werden sie zu Bestandteilen von kuratorischen Situationen.33] Die darin historisch und aktuell etablierten Verbindungen vollziehen eine weitere Dynamisierung ihrer Konstellation, insofern sie Bedeutung, Status und Funktion der Mitwirkenden in Bewegung versetzen und halten. Als Agenten, die unterstützen, gestalten und bewegen, kommen diesen Beziehungsweisen infrastrukturelle Funktionen zu.34]

Vor diesem Hintergrund ist die Aktualität des Kuratorischen in dem erweiterten diskursiven Kontext zu verstehen, innerhalb dessen sowohl materielle Eigenschaften als auch pro-

35] Zur performativen Unabgeschlossenheit in kuratorischen Zusammenhängen siehe etwa Lütticken, *Life, once more: forms of reenactment in contemporary art*, 2005; Costinas, Janevski (Hg.), *Is the Living Body the Last Thing Left Alive?*, 2014; Buchmann, Lafer, Ruhm (Hg.), *Putting Rehearsals to the Test*, 2016; Krysa (Hg.), *Systemics (or, Exhibition as Series)*, 2017; Bismarck, Meyer-Krahmer (Hg.), *Curatorial Things*, 2019.

36] Von Seiten der bildenden Kunst wie auch des Tanzes, des Theaters oder der Musik sehen sich die Grenzen zwischen Aufführungs- und Ausstellungsraum auf den Prüfstand gestellt. Stellvertretend können dafür etwa die Praxisformen von Tino Sehgal, Pierre Huyghe oder Anne Imhof sowie Anne Teresa de Keersmaeker, Boris Charmatz oder die interdisziplinäre Opern-Performance „Sun & Sea (Marina)" von Lina Lapelytė, Vaiva Grainytė and Rugilė Barzdžiukaitė stehen. Diese Auseinandersetzung finden zudem Niederschlag in den verschiedenen kuratorischen Initiativen, die sich mit der Geschichte performativer Künste befassen, wie etwa *MOVE: Choreographing You*, Hayward Gallery London 2010 und *MOMENTS. Eine Geschichte der Performance in 10 Akten*, ZKM, Museum für neue Kunst, Karlsruhe 2013.

zessierende Verfahren im Bereich von Hoch- und Populär-Kultur eine Aufwertung erfahren haben. Der Akzent liegt dabei auf der Unabgeschlossenheit von Bedeutung, die in Praktiken und Formaten der Serialität, der Wiederholung und des Reenactments zum Tragen kommt.**35**] Dem entspricht die zunehmend poröser werdende Grenze zwischen Ausstellungs- und Aufführungsraum,**36**] auf der nicht nur Performer*-innen, sondern sämtliche menschliche Akteur*-innen in Rollen auftreten können, die denen von nicht-menschlichen Mitwirkenden, von Exponaten oder Displaygegenständen, nicht unähnlich sind. Und auch die Vergänglichkeit der kuratorischen Situation ähnelt den Veranstaltungen der performativen Künste, überdauern nach dem Ende einer Ausstellung gegebenenfalls die dort gezeigten Dinge, der Zusammenhang jedoch, den sie herstellte und der für sie konstitutiv war, geht verloren. Jede Ausstellung lässt sich unter diesem Gesichtspunkt als Aufführung begreifen, jede Etappe einer Wanderausstellung als Re-inszenierung. Jede Präsentation und Neupräsentation impliziert gewandelte Verhältnisse.

Schließlich zeigen sich Ähnlichkeiten des Kuratorischen zu Tanz, Theater, Film und Performance auch auf der Ebene der kollektiven Struktur. Die Vielzahl der Teilnehmer*innen, die ihre prominenteste Nennung im filmischen Abspann findet, ließe sich auch für die kurato-

37] Vgl. zur kollektiven Anlage des Kuratorischen auf der Ebene der menschlichen Mitwirkenden Lind, „The Collaborative Turn“, in: Billing, Lind, Nilsson (Hg.), *Taking the Matter Into Common Hands*, 2007, S. 15–31; Marchart, „Das kuratorische Subjekt“, in: *Texte zur Kunst*, 22/86, Juni 2012, S. 28–41 sowie Bismarck, „Curating Curators“, ebd., S. 42–61; Gronemeyer, *The Curatorial Complex*, 2018.

rische Situation hervorheben. Der Zusammenschluss von Künstler*innen, Kurator*innen und Wissenschaftler*innen mit unterschiedlichen disziplinären und medialen Hintergründen zu kleineren und immer größer werdenden Teams, wie er in den vergangenen fünfzehn Jahren zum Modell kuratorischer Organisation geworden ist, bringt diese grundsätzlich kollektive Anlage nicht nur zum Ausdruck, sondern lässt sie auch operativ werden. **37**] Aber obwohl in solchen Formen der Zusammenarbeit das Potential zu einer Neudefinition, angestammter Rollen und Aufgaben angelegt ist, zeichnen sich auch in ihnen oft noch konventionsbestimmte Ausschlüsse einzelner menschlicher wie nichtmenschlicher Mitwirkender aus der Gruppe derjenigen ab, die an der Bedeutungsstiftung beteiligt sind, wie etablierte Hierarchien zwischen den verschiedenen kulturellen Arbeitsweisen weiterhin in Erscheinung treten. Unbeachtet bleibt dabei der Umstand, dass die kuratorische Situation jenseits der tradierten Positionen von Künstler*innen und Kurator*innen eben eine Vielzahl ineinander verschränkter Formen der Gestaltung voraussetzt, – den Entwurf von Ausstellungsarchitektur und Grafikdesign, die individuelle Art und Weise, mit der Aufsichtskräfte ihre Aufgaben ausformulieren, die Formate und Adressierungen der Vermittlungsarbeit, die Begegnungen, Aneignungen und Präsentationen, die von den Besucher*innen

vorgenommen und artikuliert werden sowie nicht zuletzt die Ausformulierungen von Adressierung und Affekt durch die Artefakte. Mit Kuratorialität auch die performativen Eigenschaften der kuratorischen Verhältnisse in den Blick zu nehmen, bedeutet ihre Beteiligung an den Prozessen solcher Unterscheidungen und Ausgrenzungen in Rechnung zu stellen. Es birgt das Potential, sie sowohl analytisch als auch in der praktischen Neuaufführung zu exponieren und zu verwandeln.

In dieser Nähe zu den performativen Künsten wird deutlich, dass das Kuratorische nicht allein transmedial operiert, indem es mit den unterschiedlichen Medien und Künsten umgeht, sie einbindet, zum Exponat, Medium oder Untersuchungsgegenstand erklärt und methodisch Anleihen bei ihnen macht; es ist zudem in seiner Offenheit gegenüber anderen wissenschaftlichen Bereichen auch transdisziplinär orientiert. Wenngleich der Diskurs um das Kuratorische lange Zeit von der bildenden Kunst geprägt wurde, haben in jüngerer Zeit nicht nur die Beiträge seitens der performativen Künste wesentlichen Input für Verständnis, Reflektion und Veränderung kuratorischer Relationen geleistet. Auch Fragestellungen aus Architektur-, Urbanismus- und Designtheorie erzeugen im wechselseitigen Austausch Synergien, während Ansätze aus den Gender-, Postcolonial- und Cultural Studies in ihrer transversalen Pers-

38] Peter Osborne verweist in seiner Auseinandersetzung mit Transdisziplinarität auf das latente Risiko einer erneut festschreibenden Re-Disziplinierung, die die quer zu den Disziplinen verlaufende Bewegung zu einem Stillstand bringt. Vgl. „Problematizing Disciplinarity, Transdisciplinary Problematics", in: Osborne, Sandford, Alliez (Hg.), *Transdisciplinary Problematics*, 2015, S. 3–35.

39] Guattari, „Transdisciplinarity Must Become Transversality", (1991), ebd. S. 131–137, hier S. 133.

pektivierung sowohl inhaltlich als auch methodisch in Theorie und Praxis hineinwirken. Die Transdisziplinarität im Kuratorischen impliziert nicht zuletzt eine Metaebene, von der aus Disziplinen, Disziplinarität und ihre Bedingungen exponiert werden können. Durch Kontakt, Austausch und Integration unterschiedlicher Wissensformen lassen sich diese mit ihren Untersuchungsgegenständen und Instrumenten, disziplinären Prämissen und institutionellen Regeln in immer wieder andere Relationen anschaulich machen, überprüfen und neu deuten. Die kuratorischen kreativen Freiheiten der Dekontextualisierung, Wiederholung, Subjektivierung und Kollektivierung können dabei als Voraussetzungen gelten, angestammte Wissensformen zu verlassen, anderes Wissen zu multiplizieren und zu prozessieren. Nicht zuletzt liegt in ihnen auch das Potential, sich widerständig gegenüber einer (Re-)Disziplinierung des Kuratorischen selbst zu erweisen.38]

In diesen Potentialen zeichnet sich die politische Dimension des Kuratorischen sowohl in seinen Innen- als auch in seinen Außenverhältnissen ab. Mit einem Verständnis von Transdisziplinarität als „a permanent reinvention of democracy at different stages in the social field“, wie Felix Guattari es formuliert hat,39] steht mit den prozessierenden Effekten des Kuratorischen kontinuierlich die Teilhabe an den Verhältnissen, an ihrer Herstellung, Ausgestaltung

und Veränderung auf dem Spiel. Die kontroversen Debatten, die um Ein- und Ausschluss, Partizipation und (Re-)Präsentation tatsächlicher oder möglicher Mitwirkender geführt werden, sind nicht auf das künstlerische Feld beschränkt, sondern im gesellschaftlichen Kontext zu verorten. Interessenskonflikte, Machtgefälle, Positionsstreitigkeiten und Statuskonkurrenzen unterschiedlicher Felder und Kulturen wirken in die kuratorischen Verhältnisse hinein und spiegeln sich in ihnen, um in der Neuverknüpfungen im Potentialis auch eine Neubestimmung zu erfahren. Kuratorialität nimmt damit die Verstrickung verschiedener Kontexte sowohl mit historischen als auch quer zu den Disziplinen, Kulturen und Feldern verlaufenden Prägungen in sich auf, bringt sie – als Verknüpfung im Öffentlichen – zur Anschauung, nicht ohne sie in der performativen Wiederholung in Bewegung zu versetzen.

Damit soll keineswegs einer beliebigen Neuverknüpfung das Wort geredet werden, sondern im Gegenteil der Blick auf die Bedingungen und Verhältnisse gerichtet sein, unter denen diese Aufteilungen stattfinden. Die menschlichen und nicht-menschlichen Beteiligten an einer kuratorischen Situation gehen mit unterschiedlicher Grundausstattung in die neuen Beziehungen, bringen darin je eigene, vorher erlangte Eigenschaften und Kompetenzen zum Einsatz und nehmen von unterschiedlichen Positionen aus

an der Formulierung dieser Beziehungen teil. In diesen wiederum verändern sich die eingebrachten Qualitäten in ihrer Bedeutung, Funktion und ihrem Status, können erneuert, modifiziert, ergänzt, verstärkt, überlagert oder auch außer Kraft gesetzt werden. Sämtliche Beteiligte sind mithin in (immer schon) asymmetrische und damit häufig konflikthafte Prozesse der Etablierung und Ausgestaltung von Verhältnissen eingebunden. Ihre divergierenden Interessen und Ansprüche machen die kuratorische Situation zum Ort der Verhandlung. In ihrem Verlauf können sich ästhetische Erfahrungen ändern, semantische Gefüge neu geknüpft, Konstruktionen der Unterstützung geschaffen und institutionelle Regularien unterlaufen werden, es können soziale Gemeinschaften entstehen, bestehende Ab- und Ausgrenzungen außer Kraft gesetzt und Marktmechanismen durchkreuzt werden. Sie erlauben Geschichte(n) wieder und anders zu denken, sie einer Revision zu unterziehen im nochmaligen Prozess des Durchlaufens, zugleich dabei aber auch die eigene Einbindung in Prozesse der Geschichtsschreibung deutlich werden zu lassen. In demselben Maße aber werden hier auch die Widerstände gegen genau solche Veränderungen ausgetragen, mit den dafür zum Einsatz gebrachten Kapitalsorten ebenso wie mit den nicht nur für das kulturelle, sondern grundsätzlich für das gesellschaftliche Feld relevanten Implikationen.

40] Im Zusammenhang mit seiner Analyse des Semiokapitalismus, der eine Form des Kapitalismus beschreibt, der auf immaterieller Arbeit und der Explosion der Infosphäre basiert, diagnostiziert Franco „Bifo“ Berardi einen „Überschuss an Sichtbarkeit“, siehe Berardi, „Pathologien der Hyper-Expression“, in: *transversal – eipcp multilingual webjournal*, 06/2007.

41] Andreas Reckwitz spricht im Zusammenhang mit einer auf Affekte ausgerichteten Publikumsorientierung von einem Kulturalisierungsdispositiv, das im ausgehenden 20. und beginnenden 21. Jahrhundert das Rationalisierungsdispositiv, wie es seit dem späten 18. Jahrhundert seine Gültigkeit hatte, überlagert. Reckwitz, „Die Transformation der Sichtbarkeitsordnungen“, in: ders., *Kreativität und soziale Praxis*, 2016, S. 271–284, hier S. 271–73.

Der Blick auf die machtdurchzogenen Verhältnisse öffnet die Auseinandersetzung mit Kuratorialität methodisch und analytisch auf zentrale Parameter kultureller Praxis im 21. Jahrhundert. Angesprochen ist damit die Kontextualisierung des Kuratorischen in den gesellschaftlichen Entwicklungen der Massenmedialisierung, der Technologisierung von Kommunikation und der neoliberalen Wirtschaftsform. Die damit seit den 1960er Jahren einhergehenden Veränderungen für die Lebens- und Arbeitsbedingungen zeichnen sich in Analogien und Transferentwicklungen zu dem sich in etwa zeitgleich formierenden Bereich des Kuratorischen deutlich ab. In der kuratorischen Grundanforderung, Verbindungen herzustellen, die ihre Öffentlichkeit miteinschließen, spiegeln sich sowohl der gestiegenen Stellenwert von Sichtbarkeit, als auch das gewandelte Verständnis von Arbeit.

Mit der Herausbildung der Informationsgesellschaft seit den 1960er Jahren, deren Ausweitung, Intensivierung und Beschleunigung im Zuge der Digitalisierung und dem Aufkommen der Sozialen Medien haben sich die Öffentlichkeitsbedingungen entscheidend gewandelt.40] Im Kontext eines gesellschaftlichen „Überschusses an Sichtbarkeit" zählt die Arbeit am öffentlichen Auftritt zu den entscheidenden Anforderungen.41] Mit der Fähigkeit, etwas und sich selbst zu zeigen, fällt die Entscheidung,

42] Vgl. dazu ausführlicher besonders Schaffer, *Ambivalenzen der Sichtbarkeit*, 2008. Die Verletzlichkeit, die die Sichtbarkeit im Sinne von „Exposure“ sowohl für diejenigen, die etwas offenlegen und zeigen, als auch für die oder das Exponierte, mit sich bringen kann, betonen nachdrücklich Christine Hentschel und Susanne Krasmann. Vgl. Hentschel, Krasmann, „Acts of Exposure and their Affective Publics“, in: dies. (Hg.), *Exposure*, 2020, S. 15–34.

43] Die Aktivitäten der Art Workers Coalition (AWC), einer Gruppe von Künstler*innen und Kulturschaffenden, die sich zu Beginn des Jahres 1969 formierte, stehen beispielhaft für die Kritik an institutioneller Deutungshoheit. Im Januar 1969 entfernte der Künstler Takis, Mitglied der AWC, seine Skulptur aus der Ausstellung *The Museum as Seen at the End of the Mechanical Age* im Museum of Modern Art, New York, für die er selbst eine andere seiner Arbeiten vorgeschlagen hatte, und trug sie in den Skulpturengarten des Hauses – eine Aktion, die als der spektakuläre Auftakt der Aktivitäten gilt, mit denen die AWC bis in das Frühjahr 1971 die Entscheidungsmacht der Institutionen und deren auf Geschlecht oder Rasse gestützten Ausschlusskriterien anprangerten. Ausführlich zu Geschichte und Bedeutung der AWC siehe Bryan-Wilson, *Art Workers*, 2009.

ob überhaupt, in welcher Weise und aus welcher Position die Mitwirkung an einer öffentlichen Situation erfolgt. Was in ästhetischer, sozialer und politischer Konsequenz auf dem Spiel steht, ist die Möglichkeit, die Wahrnehmungsverhältnisse zu definieren, in denen Menschen, Gegenstände, Diskurse, Institutionen oder auch Orte in der Gegenwart und in der Zukunft Bedeutung, Status und Macht erlangen. Mit der Herstellung und Ausgestaltung des Öffentlichkeitsbezugs sind damit die zentralen erforderlichen Kompetenzen genau diejenigen, die im Kuratorischen zum Einsatz kommen.

Aufgespannt zwischen den Effekten von Anerkennung, Festschreibung und Spektakularisierung, handelt es sich bei der dabei umkämpften Sichtbarkeit um ein ambivalentes Gut. **42**] Aus repräsentationskritischer Perspektive wird seit den 1960er Jahren die Forderung nach Sichtbarkeit mit der Erwartung verbunden, durch sie zugleich auch eine größere politische Teilhabe derjenigen zu gewährleisten, die bislang unterrepräsentiert oder ausgeschlossen waren. Im Kontext des Kunstfelds richtete sich entsprechend der Protest zunächst gegen die Bevormundung durch die Kunstinstitutionen, die die Deutungshoheit für sich in Anspruch nahmen, indem sie Künstler*innen das Recht absprachen, über die Inklusion und Präsentationsweise ihrer eigenen Arbeiten mitbestimmen zu können. **43**] In der zeitversetzten Fort-

44] Lippard, „Biting the Hand", in: Ault (Hg.), *Alternative Art New York, 1965–1985*, 2002, S. 79–120; Bryan-Wilson, „Still Relevant: Lucy C. Lippard, Feminist Activism, and Art", in: Morris, Bonin (Hg.), *Materializing Six Years: Lucy Lippard and The Emergence of Conceptual Art*, 2012, S. 71–92; Kravagna, „Postkoloniale Ausstellungen im Kunstfeld", in: schnittpunkt – Jaschke, Martinez-Turek, Sternfeld (Hg.), *Handbuch Ausstellungstheorie und Praxis*, 2013, S. 51–52.

führung begannen seit den 1970er Jahren sowohl feministische als auch postkoloniale Debatten die sozialen und thematischen Parameter von Ausstellungskonzeptionen mitzubestimmen und neu zu setzen. **44**]

Der Kurzschluss, Anerkennung mit inkludierender Sichtbarkeit gleichzusetzen, verweist allerdings nachdrücklich noch einmal darauf, dass die Politizität kuratorischer Praxis sich nur partiell aus dem ergibt, was ausgestellt wird. Mindestens ebenso entscheidend ist aus der Warte der Kuratorialität die Art und Weise, wie dies geschieht, wie also eine kuratorische Semantik im Raum entfaltet wird. Nicht allein die Auswahl, sondern vor allem die Zusammenstellung und Verknüpfung der an der kuratorischen Situation Beteiligten im Öffentlichen bestimmen über die Auflösung und Neucodierung tradierter Ausgrenzungen, Hierarchien und Repräsentationsmuster oder aber deren Festschreibung. Vor allem aber verschleiert ein ausschließlich positiv konnotierter Sichtbarkeits-Imperativ die Ökonomien, in die kuratorisches Handeln als Zusammenstellen von Kunst und Kultur im Öffentlichen involviert ist. Während das Öffentlich-Werden einerseits die konstitutive Voraussetzung dafür ist, dass Kunst als Kunst wahrgenommen wird, übernimmt es gleichzeitig Funktionen für die Selbst- und Fremdvermarktung. Künstler*innen, Kurator*-innen sowie die verschiedenen anderen an der

45] Zur Sichtbarkeitsökonomie unter den Bedingungen der Digitalisierung und damit Social Media im Verhältnis zum Kuratorischen vgl. Krysa, „Some Questions on Curating as (Public) Interface to the Art Market", 2011.

46] In diesem Sinne prägte Georg Franck den Begriff der Aufmerksamkeitsökonomie, vgl. Franck, *Ökonomie der Aufmerksamkeit*, 1998. Gernot Böhme spricht von „ästhetischem Kapitalismus", in dem der Inszenierungswert Tausch- und Gebrauchswert ergänzt, vgl. Böhme, *Ästhetischer Kapitalismus*, 2016.

47] An Bourdieus Unterteilung der Kapitalsorten knüpft die Debatte um Aufmerksamkeitsökonomie sowie um die Fähigkeit, öffentliche Aufmerksamkeit zu generieren an, die entweder „Celebrity"- oder Sichtbarkeitskapital als eine besondere Variante des symbolischen Kapitals versteht oder es als eine zusätzliche Kapitalsorte einführen möchte. Zur erstgenannten Position siehe Cronin, Shaw, „Banking (on) different forms of symbolic capital", in: *Journal of the American Society for Information Science and Technology*, 53/14, 2002, S.1267–1270; Heinich, *De la visibilité: Excellence et singularité en régime médiatique*, 2012; zu letzterer siehe Driessens, „Celebrity Capital: Redefining Celebrity Using Field Theory", in: *Theory and Society*, 42/5, 2013, S.543–560.

48] Heinich, „Werke in Wandlung. Die Ökonomisierung des Konzeptuellen", in: *Passagen, Pro Helvetia Kulturmagazin*, 35, 2003, S.8–11.

49] Vgl. Alberro, *Conceptual Art and the Politics of Publicity*, 2004.

50] Exemplarisch seien hier die Künstler um Seth Siegelaub, Robert Barry, Douglas Huebler, Joseph Kosuth und Lawrence Wiener genannt mit ihren je spezifischen Marketingstrategien, vgl. ebd., S.149–169.

kuratorischen Situation beteiligten Akteur*innen und Aktanten, entsprechend auch die Exponate, Apparaturen, Institutionen und Orte, sind Bestandteile eines kapitalisierenden Blickregimes. 45] Mit dem öffentlichen Auftritt partizipieren sie an einem Entlohnungssystem, das auf der dadurch überhaupt erst ermöglichten Aufmerksamkeit aufbaut. 46] Diese wiederum ist, als begrenzte Ressource, in verschiedene Kapitalsorten konvertierbar. 47] Das bedeutet nicht nur, dass Publicity und Aufmerksamkeit zu Währungen werden, die an der „Ökonomisierung des Konzeptuellen“ 48] mitwirken, sondern auch, dass selbst diejenigen künstlerischen Ansätze, die durch die Aneignung von Veröffentlichungsstrategien und -medien Marktmechanismen zu unterlaufen suchen, mit der Öffentlichkeits-Produktion den Verlust der eigenen materiellen Existenz ausgleichen und am Markt reüssieren. 49] Die Nutzung von Formaten und Medien, die bis dahin zum Arbeitsbereich von Kurator*innen gehörten, – Katalogtexte, Zeitschriftenanzeigen, Einladungskarten – zählt zu jenen öffentlichkeitsbewussten Praktiken, die mit der Bestimmung über die Form und Bedingungen des eigenen Öffentlich-Werdens auch gegen den Status von Kunst als handelbarem Konsumgut angingen. Der seit den 1970er Jahren einsetzende wirtschaftliche Erfolg von Künstler*innen, die diese Ansätze verfolgten, 50] ist für den vorliegenden Zusammenhang vor

51] Für kuratorisch Tätige ging der Erfolg in demselben Zeitraum dagegen vor allem mit der Anhebung des Status, mit symbolischem Kapital also, einher. Es wundert vor diesem Hintergrund kaum, dass seit den 1990er Jahren die zahlreichen in unterschiedlichen Formationen und Verteilungen eingegangenen Teams/Kollektive aus Künstler*innen und Kurator*innen insbesondere für Großausstellungen verantwortlich zeichnen, lassen sich doch in dieser Anordnung die verschiedenen Kapitalsorten synergetisch verbinden und gewinnbringend zum Einsatz bringen. Vgl. Bismarck, „Curating Curators", 2012, S. 42–61; dies., „Celebrity Shifts: Curators, Individuals and Collectives", in: Schieren, Sick (Hg.), *Look at me,* 2011, S. 180–191.

52] Insbesondere mit dem Aufkommen von Social Media hat sich Sichtbarkeit, wie sie auch im Kontext kuratorischer Situationen hergestellt wird, zum einen zu einer fortdauernden Anforderung individueller Selbstvermarktung und Selbstkapitalisierung im Rahmen von Aufmerksamkeitsökonomie entwickelt, vgl. etwa Reckwitz, *Die Gesellschaft der Singularitäten*, 2017, bes. S. 111–180 sowie ders., „Die Transformation der Sichtbarkeitsordnungen", in: *Kreativität und soziale Praxis,* 2016. Zum anderen spielen sich auf dem Terrain der Social Media und damit im Bereich von Information, Ausbildung und Wissen auch die Aushandlungsprozesse um den Status der „common goods" ab, vgl. Tyżlik-Carver, „Interfacing the Commons: Curatorial System as a Form of Production on the Edge", 2011; Buchmann, „Economics of Information on Display", in: Bismarck, Meyer-Krahmer (Hg.), *Curatorial Things*, 2019, S. 19–35.

53] Zur Ausweitung des Bereichs von Menschen und Dingen, die in die Logik der Exposition und öffentlichen Wahrnehmung eingeschlossen sind, durch die sie wiederum in zwischen Sehenswürdigkeit und Tourist bestehende Blickverhältnisse eingeordnet werden, schlägt sich insbesondere in den multidisziplinären Debatten um Tourismus, Stadtmarketing und

allem deshalb von Bedeutung, als er entwicklungsgeschichtlich die unlösbare Verstricktheit des Kuratorischen in ökonomische Logiken bezeugt.51] Denn mit der Beteiligung am Öffentlich-Werden von Kunst und Kultur riskiert das Kuratorische immer auch zum Komplizen von Vermarktungsstrategien der verschiedenen Beteiligten zu werden. In Fortsetzung der massenmedialen Publizitätsanforderungen übernimmt das Kuratorische eine besondere Rolle innerhalb der Sichtbarkeitsökonomie. Unter den Bedingungen von Social Media und globaler Mobilisierung können nicht nur Kunst und Artefakte, sondern Jede/r und Alles zum Exponat werden und die Welt selbst als Ausstellung fungieren, die sich und etwas dem Blick darbietet.52] Das Kuratorische partizipiert damit unweigerlich an ähnlichen Vermarktungsstrategien, wie sie ebenfalls im Zuge des Sichtbarkeits-Diktats seit den 1960er Jahren, etwa im Firmenmarketing, in der Werbe-Industrie oder in der Tourismuswirtschaft, mit Intensität ausgebaut wurden.53] Die Ambivalenzen und Widersprüche sind unabdingbar Teil der Bedingungen, die in der Kuratorialität zum Tragen kommen. Sie sind aber auch Garant für deren Potential unabschließbarer Verhandelbarkeit.

Der zweite Bereich gesellschaftlicher Veränderungen, in denen Genese und Entwicklung des Kuratorischen gründen, betrifft die Arbeits-

Eventkultur nieder, die Überschneidungsflächen zum kuratorischen Diskurs besitzen. Vgl. Urry, *The Tourist Gaze*, 2002; Bauman, „From Pilgrim to Tourist“, in: Hall, du Gay (Hg.), *Questions of Cultural Identity*, 1996. 18–35; Han, *Hyperkulturalität: Kultur und Globalisierung*, 2005; Avgita, „Marketing difference: the Balkans on Display“, in: Belting, Buddensieg (Hg.), *The Global Art World: Audiences, Markets, and Museums*, 2009, S. 88–97. Die Wurzeln für den westlich organisierten Blick auf die Welt als Ausstellung, der den Effekt des „Außens“, einer „externen Wirklichkeit„ (an „outside“, „external reality“) herstellt, wie Mitchell schreibt, liegen dabei bereits im 19. Jahrhundert, vgl. Mitchell, „The World as Exhibition“, in: *Comparative Studies in Society and History*, 31/2, April 1989, S. 217–236, bes. S. 218–219.

54] Negri, Lazzarato, Virno, *Umherschweifende Produzenten. Immaterielle Arbeit und Subversion*, 1998; Vishmidt, „de-, dis-, ex- on Immaterial Labour. An Interview with Marina Vishmidt, conducted by Marion von Osten“, in: *transversal – eipcp multilingual webjournal*, 04/2004; Bismarck, „Kuratorisches Handeln. Immaterielle Arbeit zwischen Kunst und Managementmodellen“, in: Osten (Hg.) *Norm der Abweichung*, 2003, S. 81–98.

55] O'Neill, Wilson (Hg.), *Curating and the Educational Turn*, 2010. Mit dem Fokus auf der Vermittlungsperspektive im Kontext des „educational turn“ sowie spezifisch in Museen vgl. Jaschke, Sternfeld (Hg.), *educational turn. Handlungsräume der Kunst- und Kulturvermittlung*, 2012 sowie Mörsch, Sachs, Sieber (Hg.), *Contemporary Curating and Museum Education*, 2017; Byrne, *The Constituent Museum*, 2017.

prozesse in der Folge der post-fordistischen Umstrukturierung der Wirtschaft. Wenn die zentralen Anforderungen und Bedingungen dieser als „immateriell“ bezeichneten Arbeit **54**] nun darin bestehen, kommunikative, affektive und kollektive Beziehungen herzustellen und diese die Arbeit im kulturellen Feld insgesamt seither prägen, so kommen sie im Bereich des Kuratorischen mit besonderer Prägnanz zum Tragen, belegt doch die hier geforderte Kernkompetenz des Versammelns im Öffentlichen diese Ausrichtung auf Beziehungen geradezu beispielhaft. Die Verlagerung von Warenproduktionsprozessen auf Fertigkeiten und Kenntnisse im Umgang mit Informationen, Wissen, Kommunikation und sozialen Beziehungen in der New Economy spiegelt sich exemplarisch in der Struktur und den Verhältnissen des Kuratorischen. Kuratorische Verbindungen zwischen den Beteiligten, menschlichen wie nichtmenschlichen, herzustellen und zu gestalten exemplifiziert die Produktionsweisen affektiver und kognitiver Arbeit, wie sie für die gewandelten Arbeitsverhältnisse charakteristisch sind. Bildung und Ausbildung, Lehre und Lernen haben sich zudem zu zunehmend dominanter werdenden Praxisformen im Kuratorischen entwickelt, aus denen sich 2010 die Diagnose eines „educational turn“ ableitete. **55**] Wenn damit vor allem die vermittelnden Anteile von Kuratorialität in den Fokus geraten, so lassen

56] Vgl. Franco „Bifo" Berardi, „Cognitarian Subjectivation", in: *e-flux journal*, 20, November 2010; Minichbaur, „Kognitiver Kapitalismus, General Intellect und die Politiken der kollektiven Intelligenz", in: *creating worlds*, eipcp.net, 02/2019.

57] Die gegenseitigen Übertritte zwischen konzeptuellen und institutionskritischen Ansätzen in der Kunst einerseits und kuratorischen Arbeitsweisen andererseits vollzogen sich ganz wesentlich auf einem vermittlungsorientierten Terrain, auf dem mit erziehungsreformerischen, museumspädagogischen und museologischen Ausrichtungen eine Reihe unterschiedlicher (gesellschafts)kritischer Diskurse an Intensität und Elaboriertheit gewannen. Parallel dazu entwickelten sich explizit kuratorische Praxisformen, die darauf zielten, der Reklamation einer symbolisch wie ökonomisch kapitalisierbaren Position im Feld entgegenzuwirken. Dezentralisierung von Autorschaft, Anfechtung der Deutungshoheit von Institutionen, Herauslösung von Ausstellungen aus Vermarktungsmechanismen, Entwicklungen von Strukturen und Formaten zur rechtlichen und ökonomischen Absicherung der Beteiligten und die Neuformulierung des Subjekt-Objekt-Verhältnisses in Situationen des Öffentlich-Werdens von Kunst und Kultur zählten zu den um 1970 auf kuratorischem Wege verfolgten Zielsetzungen. Akteur*innen treten damit im Feld mit hybriden, nicht selten wechselnden professionellen Rollen an, um mit den Möglichkeiten kuratorischer Verfahren und Strategien zugleich auch deren gesellschaftlich relevanten Implikationen und Effekte auszuloten. Vgl. ausführlicher Bismarck, „Curating Curators", 2012, S. 42–61; Bismarck, „Out of Sync, or Curatorial Heterochronicity", in: Bismarck, Frank, Meyer-Krahmer, Schafaff, Weski (Hg.), *Timing – On the Temporal Dimension of Exhibiting*, 2014, S. 301–318.

58] Sternfeld, *Das radikaldemokratische Museum*, 2018.

sich hier sowohl die Verbindungslinien zu den Folgen der Wissensökonomie und der mit dem Begriff des kognitiven Kapitalismus an ihr geführten Kritik im 21. Jahrhundert nachzeichnen, 56] als auch die seit den 1970er Jahren von unterschiedlichen Akteur*innen im Feld entwickelten Strategien – von Institutionen ebenso wie etwa von Künstler*innen, Kritiker*innen und eben auch Kurator*innen – gerade den Umgang mit Wissen und Informationen in Verfahren des Hierarchieabbaus, der Emanzipation, der Selbstermächtigung und der Demokratisierung zu übersetzen. 57] Das „radikal-demokratische" Museum, wie es Nora Sternfeld vorschlägt, ist eines der Modelle, mit denen die Diskussion um die politischen Vermittlungsansätze unter aktualisierten Bedingungen des Kunstfeldes im 21. Jahrhundert fortgeführt wird und dabei nachdrücklich auf die prozessierenden Potentiale des Kuratorischen abhebt, indem kontinuierliche Prozesse öffentlicher Reevaluierung, die Produktion alternativen Wissens und kritische Ausbildungspraxen zu dessen Voraussetzungen erklärt werden. 58]

Allerdings gilt es in dem Zusammenhang auch zu betonen, dass die strukturellen Kennzeichen der kuratorischen Situation – Kollektivität und Verteilung von Verantwortung auf mehrere, Projektförmigkeit, relationale Kontingenz und flexible, dynamische Definition von Positionen – letztlich den Hauptmerkmalen der

59] In Referenz auf die Ausbeutungsverhältnisse, die 2010–2011 in der von Alice Creischer, Jorge Hinderer und Andreas Sieckmann kuratierten Ausstellung *The Potosí Principle* thematisiert wurden, spricht Sven Lütticken auch von kuratorisch Tätigen als „we are all denizens of the global Potosí", vgl. „Fetishize This! Artefacts and other Agents at the Edge of Art", in: Bismarck, Meyer-Krahmer (Hg.), *Curatorial Things*, 2019, S. 282–309, hier S. 305.

60] Auf kuratorische Ansätze, die gerade den Aspekt der Vermittlung in den Vordergrund rücken, sich dabei aber eher das Format und Aussehen, als die Methode akademischer Praxis aneignen, ist Andrea Phillips in ihrer Auseinandersetzung mit dem „educational turn" eingegangen, um abschließend auf der Verantwortung von Kurator*innen zu bestehen, ihre eigene Beteiligung an Marketing-Strategien im Sinne eines Re-Brandings zu reflektieren. Vgl. Phillips „Education Aesthetics", in: O'Neill, Wilson (Hg.), *Curating and the Educational Turn*, 2010, S. 83–96.

61] Tyżlik-Carver, „Interfacing the commons: curatorial system as a form of production on the edge", 2011.

62] Für die Ausprägung der Subjektivierungsform als Kurator*in wird im Diskurs die Figur Harald Szeemanns als paradigmatisch behandelt, nicht ohne an ihr auch die aus dieser Subjektivierungsform erwachsenen Probleme exemplarisch zu befragen. Vgl. Buren, „Ausstellung einer Ausstellung", in: *documenta 5*, Museum Fridericianum und Neue Galerie, Kassel 1972, (Kat. Ausst.), 1972, S. 17–29; Heinich, Pollack, „From Museum Curator to Exhibition *Auteur*: inventing a singular position", in: Greenberg, Ferguson, Nairne (Hg.), *Thinking about Exhibitions*, 1996, S. 231–250; Bismarck, „Der Meister der Werke. Daniel Burens Beitrag zur documenta 5 in Kassel 1972", in: Fleckner, Schieder, Zimmermann (Hg.), *Jenseits der Grenzen*, 2000, S. 215–229; Grammel, *Ausstellungsautorschaft*, 2005; schnittpunkt – Jaschke, Martinez-Turek, Stern-

Organisation von Arbeit im neo-liberalen Wirtschaftssystem entsprechen. 59] Diese Ähnlichkeit verankert kuratorische Praxis historisch und gesellschaftlich in den prekären, selbstverwaltenden, selbst-optimierenden und -ausbeutenden Konsequenzen für die Lebens- und Arbeitsbedingungen. 60] Sie verschafft ihr aber auch eine besondere Rolle im Rahmen der an kreative Berufe geknüpften Erwartungen von Widerständigkeit und Veränderungsfähigkeit. Verhältnisse herzustellen erlaubt dabei die Perspektive, an relationalen Neuordnungen nicht nur innerhalb des kuratorischen Bereichs, sondern auch in einem erweiterten gesellschaftlichen Rahmen beteiligt zu sein. 61] Historisch betrachtet ist es daher kein Zufall, dass sich die Subjektivierung als Kurator*in parallel zu den sich seit den 1970er Jahren ausprägenden postfordistischen Arbeitsdingungen herauszubilden begann. 62]

Dass sich die beschriebenen Modifikationsprozesse im Bereich des Kuratorischen in enger Verbindung zu den gesellschaftlichen Veränderungen vollzogen haben, mit denen sich im Zuge von Massenmedialisierung, Technologisierung und Postfordismus Wahrnehmungs- und Arbeitsverhältnisse grundlegend verändert haben, verweist nicht nur auf die gesellschaftspolitische Relevanz dieses kulturellen Feldes als Untersuchungsgegenstand, sondern auch auf sein gestaltendes Potential. Gesellschafts-

feld (Hg.): *Wer spricht?*, 2005; Bismarck, „Celebrity Shifts: Curators, Individuals and Collectives“, 2011, S. 180–191. Mit Blick auf die postfordistischen Implikationen für die Rolle als Kurator*in siehe Bismarck, „Kuratorisches Handeln–Immaterielle Arbeit zwischen Kunst und Managementmodellen“, 2003, S. 81–98; Reckwitz, *Die Erfindung der Kreativität*, 2012.

politische Phänomene bilden sich hier nicht nur ab, sondern werden in ihren ästhetischen, ebenso wie ökonomischen, sozialen und politischen Implikationen zum Gegenstand kritisch kommentierender und verändernder kuratorischer Praxisformen. In der Kuratorialität zeichnet sich vor diesem Hintergrund die Art und Weise ab, in der die im Kuratorischen generierten Verhältnisse an einer solchen Bedeutungsproduktion beteiligt sind, nicht ohne diese Fragestellung zugleich auch mit Formulierungen von Anforderungen an die kuratorische Praxis zu verbinden. Die Auseinandersetzung mit den kuratorischen Relationen erlaubt, eine Methode zum Einsatz zu bringen, die gleichermaßen sinnstiftend für die Ausstellungsgeschichtsschreibung und -analyse wie auch für die eigentliche Gestaltung einer kuratorischen Situation ist. Die Analyse der relationalen Zusammenhänge, Dynamiken und Bedingungen, die die Kuratorialität ausmachen, offeriert damit immer auch Anregungen für eine Methodik kuratorischer Praxis.

Mit dieser Verbindung im Blick ergänzen die folgenden drei Kapitel terminologisch den Begriff der *Kuratorialität*, um diejenigen der *Konstellation*, *Transposition* und *Gastfreundschaft*, um das Kuratorische in seinen Verhältnissen und damit losgelöst von der umstrittenen Begrifflichkeit von Ausstellung, Kuratieren und Kurator*in zu betrachten. Sie erweitern die

Einführung zum Verhältnis der Verhältnisse im Kuratorischen durch die theoretische Erörterung zu dessen Versammlung, den darin ablaufenden Prozessen und seinem Dispositiv.

Mit dem Begriff der *Konstellation* wird zunächst die Herausforderung aufgegriffen, die die Beteiligung sowohl menschlicher als auch nicht-menschlicher Wesen am kuratorischen Beziehungsgeflecht bedeutet. Mit der ihnen allen zugesprochenen Agentenschaft, muss eine Definition des kuratorischen Zusammenhangs über eine Definition hinausgehen, die sich auf menschliche soziale Akteur*innen beschränkt. Das hier der Begriff der Konstellation vorgeschlagen wird, resultiert aus der Dichte und Komplexität, die dieser im Verlaufe seiner Geschichte erhalten hat. Dadurch, dass die unterschiedlichen über die vergangenen zweihundert Jahre gesetzten Akzente im Gebrauch des Begriffs gleichberechtigt ins Spiel gebracht werden, ergeben sie nicht nur ihrerseits eine synchrone Konstellation von Definitionen unterschiedlicher Wissen(schaft)sgebiete, der Kultursoziologie, der Philosophie und der Kulturwissenschaft. Deutlich wird mit dieser Perspektivierung auch, dass die unterschiedlichen An- eignungen und Auslegungen durch einander hindurch wirken und sich damit zu einem Gewebe zusammensetzen, das die Spezifik des kuratorischen Ensembles in bildhafter Analogie zur Anschauung bringt.

Das anschließende Kapitel definiert mit dem Begriff der *Transposition* diejenigen Prozesse und Praktiken, die die kuratorischen Verhältnisse herstellen, ausformulieren, dynamisieren und in Bewegung halten. Als transpositional werden damit die unlöslich miteinander verbundenen gegenläufigen Ausrichtungen beschrieben, die die kuratorischen Handlungen motivieren – einmal die nach innen gerichtete Versammlung, das andere Mal die veröffentlichende Richtung nach aussen. Der Wechsel relativer Verortung, den die Transposition ermöglicht und betreibt, impliziert die assoziierenden, synergetischen und integrierenden ebenso wie die extrahierenden, dekontextualisierenden, unterbrechenden und trennenden Effekte kuratorischen Handelns, mit all ihren Ambivalenzen. Zur Diskussion stehen damit auch Appropriation, Unterwerfung und Neutralisierung, Auswirkungen also, die die kuratorischen Akte der Verknüpfung menschlicher und nicht-menschlicher Beteiligter im politischen Sinne jenseits einer positiv konnotierten Kollektivität und Gemeinsamkeit zur Folge haben können. Außerdem rücken in diesem Kontext die Momente ungeschützter Exponiertheit, Funktionalisierung und Vermarktung in den Vordergrund, die in die Herstellung der Öffentlichkeitsverhältnisse im Kuratorischen eingewoben sind. In welcher Weise transpositionale Bewegungen und Übertritte zwischen

Räumen, Orten und Zeiten, zwischen Medien oder Disziplinen, sozialen Gemeinschaften, Kulturen oder Sprachen bedeutungsgenerierendes Potential besitzen und an bestehende Bedingungen verändernder Wirkung beteiligt sein können, steht im Zentrum der Auseinandersetzung mit kuratorischer Transposition.

Schließlich wird mit dem Begriff der *Gastfreundschaft* das zentrale Dispositiv innerhalb der kuratorischen Konstellation gefasst. Es ist verantwortlich für die Formierung des Sets von Verhältnissen, das einmal dem Modus des Versammelns, Einladens und Beherbergens eine höhere Priorität einräumt, das andere Mal dem des Exponierens und Öffentlich-Werdens. Auch wenn eng ineinander verschränkt, besitzen beide Formationsweisen für sich genommen zugleich Eigenschaften und Effekte, die nicht nur für sie spezifische Spannungsverhältnisse abbilden, sondern auch im Verhältnis zueinander Widersprüche und gegenläufige Dynamiken deutlich werden lassen. Mit ästhetischen, ökonomischen, politischen, sozialen und nicht zuletzt ethischen Implikationen ist das Gastfreundschaftsdispositiv Austragungsort dafür, ob und wie überhaupt Fragen nach ästhetischer Erfahrung, nach Anerkennung und Ausschluss, nach Ressourcenverteilung und Generosität, Macht und Hierarchien sowie nach Sorge und Verantwortung kuratorisch behandelt werden.

63] Zur Verstricktheit des Schreibens in die Verhältnisse des Kuratorischen vgl. Bismarck, „Curatorial Histories – Entangled Forms", in: Bismarck, Frank (Hg.), *Of(f) Our Times: Curatorial Anachronics*, 2019, S. 82–89.

Zusammenfassend zeichnet sich in dieser Terminologie das Kuratorische entsprechend dadurch aus, dass in transpositorischen Prozessen von Kuratorialität bestimmte Konstellationen entstehen, deren situative, temporäre und dynamische Ausformulierungen auf der Basis des Gastfreundschaftsdispositivs erfolgen.

Vor dem Hintergrund ihrer multiplen Verstrickungen, geht die Auseinandersetzung mit Kuratorialität zu guter Letzt auch mit einer Selbstverortung einher. **63**] Sie stellt die eigene Involviertheit in die in Theorie und Praxis erfolgten Entwicklungsschritte und veränderten Akzentsetzungen in Rechnung, die der Diskurs des Kuratorischen bis heute durchlaufen hat. Darin reflektiert sich die enge Verschränkung wissenschaftlicher, projekt-orientierter und kuratorischer Arbeitsformen und Methoden in der eigenen Praxis. Anstatt eines Sprechens „über" die kuratorischen Verhältnisse, versteht sich die Auseinandersetzung mit Kuratorialität als deren Teil und schlägt damit den Weg eines Sprechens „mit" ein.

64] Zu der Verwendung der unterschiedlichen Begriffe zur Beschreibung der kuratorischen Versammlung im Öffentlichen siehe etwa Latour, Weibel (Hg.), *Making Things Public*, 2005; Lind, „The Collaborative Turn", 2007, S. 15–31; Krysa, *SOFTWARE CURATING The Politics of Curating in/as (an) Open System(s)*, 2008; Gronemeyer, *The Curatorial Complex*, 2018.

KONSTELLATION
Die Versammlung im Öffentlichen

Um die kuratorische Versammlung im Öffentlichen begrifflich zu fassen, müssen sämtliche an ihr Mitwirkenden in ihrer Relationalität berücksichtigt werden. Im kuratorischen Diskurs sind, mit unterschiedlicher Akzentsetzung, Beschreibungen der Versammlung als „Assembly", „Gemeinschaft", „System" oder „Komplex" für Praxis und Theorie fruchtbar gemacht worden. **64**] Diese Ansätze implizieren aber auch, dass sie, jeder für sich, entweder die kollektive Anlage zu Lasten des Öffentlich-Werdens und -Seins in den Vordergrund stellen, den Fokus entweder vermehrt auf die menschlichen oder auf die nicht-menschlichen Mitwirkenden und deren agentiale Anteile legen, eine zwischen Subjekt- und Objekt-Positionen fortdauernde Trennung voraussetzen, die auch die Position, von der aus gesprochen wird, betrifft oder die Dynamik der Verhältnisse hinter Vorstellungen von stabileren Bedeutungsformationen zurücktreten lassen. Wenn stattdessen im Folgenden der Begriff der „Konstellation" stark gemacht werden soll, geschieht dies vor dem Hintergrund, dass schon in seiner Ausgangsbedeutung die wesentlichen Eigenschaften und Potentiale, die Kuratorialität ausmachen, angelegt sind und er zugleich in seiner Entwicklungsgeschichte und Anschlussfähigkeit an zeitgenössische Theoriebildung

65] Der Begriff der Konstellation ist mit unterschiedlichem Fokus in Verbindung zum Kuratorischen gebracht worden, vgl. etwa Enwezor, „The Postcolonial Constellation: Contemporary Art in a State of Permanent Transition", in: *Research in African Literature,* 34/4, Winter 2003, S. 57–82; „Curating/Curatorial" – A Conversation between Irit Rogoff and Beatrice von Bismarck", in: Bismarck, Schafaff, Weski (Hg.), *Cultures of the Curatorial,* 2012, S. 20–38; O'Neill, „The Curatorial Constellation and the Paracuratorial Paradox", in: *The Exhibitionist,* 6, 2012. Siehe auch Anselm Franke zur „Essay-Ausstellung", deren Definition er ableitet von dem Verständnis von Essay, das Adorno im Zusammenhang mit dem Konstellationsbegriff entwickelte, vgl. „An ‚Undisciplined' Form of Knowledge: Anselm Franke. Anselm Franke and Juan Canela in conversation.", in: *Mousse Magazine,* Mai 2017.

66] Andrea Albrecht bezeichnet „Konstellation" als eine im kulturwissenschaftlichen Gebrauch nahezu „tote", da lexikalisierte Metapher, deren metaphorische Herkunft zumindest einer Revitalisierung bedürfe. Albrecht, „Konstellationen. Zur kulturwissenschaftlichen Karriere eines astrologisch-astronomischen Konzepts bei Heinrich Rickert, Max Weber, Alfred Weber und Karl Mannheim", in: *Scientia Poetica,* 14, 2010, S. 104–149, hier S. 113.

die aktuelle kulturelle und gesellschaftliche Relevanz kuratorischer Versammlung zusammenfasst. 65]

Die Kultur- und Sozialwissenschaften haben sich den Begriff der Konstellation seit dem 19. Jahrhundert mit unterschiedlichen Schwerpunkten und methodischen Zielen angeeignet. Im Verlaufe der zweiten Hälfte des 20. Jahrhunderts allerdings hat sein nachfolgender ubiquitärer, fast umgangssprachlicher Gebrauch seine Spezifik verblassen lassen, andere Begrifflichkeiten haben sich zur Definition verwandter Teilbereiche etabliert und zumindest als Metapher läuft er heute Gefahr, für „tot" erklärt zu werden. 66] Ihn dennoch mit Blick auf seine metaphorische Herkunft für eine Beschreibung der Verhältnisse des Kuratorischen wiederbeleben zu wollen, bedeutet sowohl die Ursprungsverwendung der Konstellation im Bereich der Astrologie und Astronomie in ihren für das Kuratorische relevanten Aspekten ernst zu nehmen als auch die Methoden und Zielsetzungen, mit denen sie bis in die Mitte des 20. Jahrhunderts theoriebildenden Einsatz fand, in ein Verhältnis zu kuratorischer Praxis, Epistemik und gesellschaftlichem Stellenwert zu setzen.

Methodisch bedeutet das, die Bedeutungsdichte und Komplexität des Begriffs durch die Geschichte hindurch mit eben solchen transpositorischen Bewegungen zu verfolgen, wie sie charakteristisch für die kuratorische Kondition

67] Siehe dazu ausführlicher das Kapitel „Transposition“ in diesem Band, S. 153–179.

68] In *Meyers Konversationslexikon*, 4. Aufl., 1885–1892, steht dazu: „Konstellation (lat.), die Stellung von Sternen gegeneinander, von der Erde aus betrachtet, also gleichbedeutend mit *Aspekten* (s.d.). Die K. ist eine nahezu unveränderliche bei den Fixsternen, die danach in sogen. *Sternbilder* (s.d.) gruppiert sind, und eine veränderliche bei den Planeten, in Bezug dieser auf jene und aufeinander. Dieser Bezug, besonders wie er zur Geburtsstunde eines Menschen sich gestaltete, war ein Hauptgegenstand der Astrologie.“

sind.[67] Dadurch, dass die unterschiedlichen, in den vergangenen zweihundert Jahre gesetzten Akzente im Gebrauch des Begriffs gleichberechtigt ins Spiel gebracht werden, ergeben sie nicht nur ihrerseits eine Konstellation von Definitionen unterschiedlicher Wissen(schaft)sgebiete, der Kultursoziologie, der Philosophie und der Kulturwissenschaft. Die Zusammenschau erlaubt auch, dass die unterschiedlichen Aneignungen durch einander hindurch sichtbar bleiben und sich damit zu einem Gewebe zusammensetzen, das die Spezifik der kuratorischen Versammlung im Öffentlichen in sich bündelt und zur Anschauung bringt.

Zunächst spiegelt sich in dem ursprünglichen astrologischen und astronomischen Gebrauch des Begriffs „Konstellation" die grundsätzlich kollektive Anlage der kuratorischen Situation, benennt er doch das Verhältnis zwischen mehreren teilnehmenden Elementen. Abgeleitet aus dem Lateinischen *con* (zusammen) und *stella* (Stern), gibt er eine von der Erde aus betrachtete Stellung veränderlicher und unveränderlicher Himmelskörper im Verhältnis zueinander an, deren Elemente sich in den Beziehungen bestimmen, die sie untereinander eingehen.[68] Sie formieren den konstellativen Zusammenhang, gewinnen ihre Bedeutung relational und treten als Einzelne hinter der Bedeutung des durch sie gebildeten Zusammenhangs zurück. Sie sind, was sie sind, in der Konstellation.

Damit ist die Konstellation in ihrem ursprünglichen wissenschaftlichen Bedeutungsumfeld auch durch eine raum-zeitliche Dynamik charakterisiert. Mit der Unterscheidung zwischen Fixsternen und Planeten wird den in einer Konstellation verbundenen Sternen eine spezifische Eigenbeweglichkeit zuerkannt, die ihrerseits Einfluss auf den konstellativen Zusammenhang nimmt. Sowohl als räumliche Metapher, die die Anordnungen von Körpern in einem dreidimensionalen Feld beschreibt, wie auch als Charakterisierung der Zeitlichkeit, die zwischen wiederkehrenden und einmaligen Bewegungen vermittelt, bezeichnet die Konstellation ein veränderliches Relationsgefüge zwischen Einzelelementen, die ihrerseits wandlungsfähig sind. Sie hält damit einen Moment in der Konfiguration von Elementen fest, der instabil und flüchtig ist. An die Stelle einer fixen Formation treten unabgeschlossene Etappen der Zusammenstellung oder des Zusammenkommens.

Das auf Himmelskörper bezogene Verständnis von Konstellation lässt sich aber auch auf das Zusammenwirken menschlicher und nichtmenschlicher Akteur*innen und Aktanten übertragen. Vordergründig hat sie zwar zunächst eine Ansammlung von Objekten – die Sterne – zum Gegenstand, sie schließt jedoch Menschen, die sie beobachten, ebenso mit ein wie auch die unterstützenden technischen und technologischen Beobachtungs- und Aufzeichnungsappa-

69] In diesem Sinne versteht Thomas Nail in seiner Auseinandersetzung mit Assemblage im Anschluss an Gilles Deleuze und Félix Guattari am Beispiel des Sternbilds des Großen Bären (Ursa Major) die Verbindungslinien zwischen den Sternen als zur Sternen-Konstellation zugehörig. Vgl. Nail, „What is an Assemblage?", in: *SubStance*, 1/42, 2017, S. 21–37, hier S. 25.

70] Am Beispiel des Teleskops führt Karen Barad die relationale Bedeutungszuweisung innerhalb der Beziehung von Mensch, Apparatur und Beobachtungsgegenstand „Himmel" aus. Während im humanistischen Denken dieses Gerät zur Selbstvergewisserung der Menschen dient, das Zentrum zu sein, um das die Welt sich dreht, entwickelt sie in Abgrenzung dazu das Konzept des „agentialen Materialismus", das den Fokus anstatt auf Repräsentationalismus auf Fragen von Praktiken, Handeln und Aktionen verlagert. Vgl. Barad, *Agentialer Materialismus*, 2012, S. 10.

71] Aufgrund der das Leben beeinflussenden Kraft, die Johann Wolfgang von Goethe der Sternenkonstellation zum Zeitpunkt seiner Geburt zumaß, nimmt Peter Gostmann den Beginn des ersten Buches von *Dichtung und Wahrheit* als Ausgangspunkt für seine, – in diesem Falle konstellationswissenschaftlichen, an einer Systematik interessierten – Überlegungen zur Konstellation. Gostmann, *Einführung in die soziologische Konstellationsanalyse*, 2016, darin Kapitel 2, „Systematisierung: Das analytische Potential des Begriffs ‚Konstellation'", S. 9–20.

72] Vergleichbar beschreibt Jane Bennett die agentiale Kapazität einer Zusammenkunft mit Blick auf das in der chinesischen Tradition definierte Shi: „Shi is the style, energy, propensity, trajectory, or élan inherant to a specific arrangement of things. […] shi names the dynamic force emanating from a spatio-temporal configuration rather than from any particular element within it." Bennett, *Vibrant Matter*, 2010, S. 35.

raturen und -medien – astronomische Zeichnungen, Fernglas, Fernrohr und Teleskop sowie fotografische Aufzeichnungs- und Messinstrumente von der Fotoplatte bis zu CCD-Sensoren. Und schließlich sind auch die relationalen Linien, die die Sterne zu einem Sternbild verbinden, als Bestandteile der Konstellation zu verstehen. **69**] Im Zusammenkommen aller dieser Komponenten (und erst in ihm) treten sie als eine Konstellation in Erscheinung, innerhalb der sie relational über ihre Bedeutung als Einzelne und Gesamtes bestimmen. **70**]

Auf diese Weise sind die Elemente einer Konstellation durch Wahrnehmungsverhältnisse mit einander verknüpft. Erst der gerichtete und erkennende Blick auf die Sterne als geordneten, wieder neu arrangierbaren und interpretierbaren Zusammenhang einerseits, erst ihr Gesehen-Werden wie auch ihr eigenes Sichtbar-Werden andererseits verleihen allen beteiligten Komponenten die Bedeutung einer Konstellation. Dass der Konstellation in dieser Qualität – insbesondere in der astrologischen Auslegung – Einfluss auf Charakter und Schicksal einzelner Menschen, aber auch ganzer Weltenläufe zugesprochen wird, zeichnet sie mit gestaltenden und performativen Eigenschaften aus. **71**] Diese Kapazität kommt ihr als raum-zeitliche Zusammenstellung und nicht aufgrund ihrer Einzelelemente zu. **72**] Objektivierbare Faktoren und subjektivierte Auslegung beziehen sich prozess-

haft aufeinander, so dass die Bedeutung von Verbund und Einzelelementen stets als relational konstruiert, damit ebenso auch neu relationierbar ausgewiesen und mit entsprechend je unterschiedlichen Eigenschaften und Funktionen ausgestattet ist. In dem Maße, in dem die Konstellation sich durch die unterschiedlichen menschlichen und nicht-menschlichen Agenten und ihre wechselnden, unabgeschlossenen Verhältnisse zueinander konstituiert, kann sie selbst agential auf einzelne ihrer Elemente und bestehende Verhältnisse ebenso zurückwirken wie auf außerhalb ihrer selbst liegende Phänomene und Prozesse.

Schließlich verweist der Begriff der Konstellation schon in seiner Ursprungsverwendung verschiedene Annäherungshorizonte auf: Über die wissenschaftliche Forschung hinaus sind sowohl ästhetisch-affektive Erfahrung, als auch soziale Perspektivierung konstitutiv am Zustandekommen, an der Existenz- und der Wirkungsweise von Konstellationen beteiligt. Vor allem in der astrologischen Bedeutung sind diese drei Zugangsweisen – epistemisch, ästhetisch und performativ – untrennbar ineinander verschränkt.

Fasst man die Implikationen des astrologisch-astronomischen Ursprungsgebrauchs der Konstellation noch einmal zusammen, so ist sie mit ihren sowohl forschenden als auch ästhetischen und sozialen Dimensionen, relational

und durch raum-zeitliche Dynamik gekennzeichnet, besitzt ein die eigenen Voraussetzungen und Bedingungen relationierendes, performatives Potential und ist auf Wahrnehmungsverhältnisse hin angelegt, in die menschliche und nicht-menschliche Elemente gleichermaßen eingebunden sind. Übertragen auf den Bereich des Kuratorischen spiegeln sich darin sowohl die grundsätzliche Relationalität des kuratorischen Zusammenhangs als auch die in Raum und Zeit dynamischen, veränderbaren und ephemeren Verhältnisse zwischen den einzelnen teilnehmenden Elementen. Darüber hinaus fasst der Begriff die spezifische Zusammensetzung kuratorischer Situationen aus menschlichen und nicht-menschlichen Mitwirkenden. Er benennt die performative Wirkungsmächtigkeit einer solchen Gruppierung und verweist auf ihre Konstitution durch Wahrnehmungsverhältnisse. Schließlich spricht der Konstellationsbegriff die verschiedenen disziplinären und gesellschaftlichen Bereiche an, die in der kuratorischen Zusammenstellung zum Tragen kommen können und für die sie ihrerseits Relevanz besitzen kann.

Ist damit schon die Ursprungsdefinition des Konstellationsbegriffs in der Lage, die Grundzüge des kuratorischen Zusammenhangs in anschaulicher Weise zu fassen, so erweitert und konkretisiert die anschließende philosophische, kultur- und sozialwissenschaftliche Aneignung

73] Albrecht, „Konstellationen“, 2010, S. 147.

des Begriffs das kuratorisch kennzeichnende Bedeutungsspektrum zusätzlich. Im Lichte der wissenschaftsgeschichtlichen Rezeption entfalten sich mit Selbstreflexivität, Kollektivität und Verzeitlichung diejenigen Dimensionen der Konstellationsvorstellung, die für die kuratorische Methode, Ästhetik und Epistemik besondere Relevanz besitzen. Denn bevor der Begriff ab der zweiten Hälfte des 20. Jahrhunderts seine Spezifik einbüßte, entwickelt er insbesondere im Diskurs der Kultursoziologie, Wissenssoziologie und philosophischen Ästhetik Bedeutungsebenen, die nicht nur den Anforderungen des kuratorischen Diskurses im 21. Jahrhundert entsprechen, sondern auch dessen gesellschaftliche Tragweite indizieren.

Aufschlussreich ist zunächst die wissenschaftliche Bezeichnung des eigenen Untersuchungsgegenstandes als Konstellation, eine Herangehensweise, die sich von Max Weber bis in die sich seit den 1980er Jahren herausbildende Konstellationsforschung verfolgen lässt. Sie bedeutet einen Transfer der Metapher aus dem astrologisch-astronomischen Wissen(schaft)sbereich in die Kultursoziologie und Ideengeschichte, die vor allem die strukturellen Merkmale der Konstellation, ihre Dynamik und Relationalität, aufnehmen. Im Sinne eines, „pluralen Mit- und Gegeneinanders sozialer und kultureller Elemente und Faktoren“ **73]** dient die Konstellationsmetapher dazu, unterschied-

74] A.a.O., S. 121–124.

75] A.a.O., S. 122.

liche, durch das jeweils eigene Forschungsinteresse definierte Komponenten in Beziehung zueinander zu setzen und in diesen Beziehungen zu untersuchen. Bei Max Weber, der einen nicht-mechanistischen Konstellationsbegriff kulturwissenschaftlich nutzbar macht, sind dies die Gesetze und Faktoren, denen er sich in seiner Analyse widmet. Explizit in Abgrenzung und Erweiterung des astronomischen Erkenntnisziels propagiert er eine mehrschrittige, auf historische Begründung, zukünftige Perspektiven und darin werteabhängig ausgerichtete Konstellationsanalyse, die er zum Kern des eigenen wissenschaftlichen Vorgehens erklärt. **74**] Dabei behandelt er die Naturwissenschaften in ihrer Gesamtheit, die Astronomie einbegriffen, als eine wissenschaftliche Konstellation, die ihrerseits aus einer von ihm angenommenen metawissenschaftlichen Warte zum Gegenstand der Sozial- und Kulturwissenschaften wird. **75**] Diese Perspektive einer übergeordneten Beobachtungswarte gegenüber den ausgemachten und darin auch eigenhändig hervorgebrachten Gruppierungen setzt sich bis in die Ansätze der aktuellen Konstellationsforschung fort, die ihren Gegenstand, die philosophische Konstellation, definiert als „einen dichten Zusammenhang wechselseitig aufeinander einwirkender Personen, Ideen, Theorien, Probleme oder Dokumente, in der Weise, daß nur die Analyse dieses Zusammenhangs, nicht aber seiner iso-

76] Mulsow, „Zum Methodenprofil der Konstellationsforschung", in: Mulsow, Stamm (Hg.): *Konstellationsforschung*, 2005, S. 74–97, hier S. 74; siehe dort auch Stamm, „Konstellationsforschung – Eine Methodenprofil: Motive und Perspektiven", S. 31–73.

77] Mulsow, ebd., S. 74, lässt offen, welche Objekte die Konstellation ausmachen, da dies von der Art der Konstellationsforschung abhänge, aber betont direkt im Anschluss noch einmal: „Vielmehr sollten Konstellationen von Beginn an als vielschichtige Komplexe begriffen werden, die sowohl Personen und ihre Motivationslagen als auch Ideen, Probleme und Theorien sowie deren Niederschläge in Dokumenten umfassen."

lierten Bestandteile, ein Verstehen der philosophischen Leistung und Entwicklung der Personen, Ideen und Theorien möglich macht."[76]

Erkennbar wird in dieser Gebrauchsweise, dass die Vorstellung von Konstellation zwar ein relationales, dynamisches Verständnis des Zusammenwirkens der verschiedenen einbezogenen Komponenten die Vorstellung von Konstellation prägt, dass der Kreis jener Elemente allerdings deutlich enger gefasst ist, als es die astrologisch-astronomische Definition anbietet. Objekte, wie sie in der Ursprungsanwendung durch die Sterne angegeben waren, finden hier höchstens in ihrer dokumentarischen oder medialen Funktion einen Platz, die Position der/des Betrachtenden ist mitsamt der dafür eingesetzten Werkzeuge von dem Zusammenspiel der Mitwirkenden ausgenommen ebenso wie es diejenigen Menschen und Ereignisse sind, für die die Konstellation, gerade ihrem astrologischen Verständnis nach, beeinflussende Bedeutung entfaltet.[77]

Solche Beschränkungen des Begriffsverständnisses stehen in Analogie zum kuratorischen Diskurs, betrachtet man die Positionszuweisungen, die unter den menschlichen und nicht-menschlichen Involvierten vorgenommen werden. Angesprochen ist die vielerorts gültige Auffassung, dass eine Kuratorin/ein Kurator aus einer übergeordneten Warte die Exponate zusammenstellt, die vorrangig auf der Basis

78] Zur Entwicklung von Rolle und Selbstverständnis des „Kurators“ siehe das Kapitel „Kuratorialität“ in diesem Band, S. 11–93.

ihres inhaltlichen Aussagegehalts oder ästhetischen Werts ausgewählt und mithilfe unterstützender Medien in Szene gesetzt wurden. **78**] Wenn man so will, übernimmt die/der Kurator*in damit in Entsprechung zur/m Konstellationswissenschaftler*in die Aufgabe, die Ausstellungsbestandteile auf der Basis ihrer Relevanz für das von ihm vorab bestimmte Ausstellungsinteresse zusammenzubringen. Diesem Verständnis entsprechend erhielt die Figur der Kuratorin/des Kurators in der Ausstellungsgeschichtsschreibung im Sinne eines auktorialen Sinnstifters eine zentrale Rolle. Darüber hinaus, nehmen die vor der Ausstellung festgelegten und sich in ihr manifestierenden konzeptuellen Rahmungen, die mit der anordnenden und perspektivierenden Rolle des Konstellationsforschers vergleichbar sind, einen zentralen Stellenwert ein, ob sie nun monographisch definiert sind oder unterschiedlichen Gruppierungsmotivationen – geographischen, stilistischen, entwicklungsgeschichtlichen, problem- oder themenbezogenen – folgen. Zwar treten die Objekte im Kontext der Ausstellung als Exponate oder Displaygegenstände auf, ihre Funktion und Legitimation als Teile der Ausstellung bleibt jedoch beschränkt darauf, sich selbst sowie Aspekte des Ausstellungskonzepts zu repräsentieren. Besucher*innen und unterschiedliche Publikumskreise treten weniger als Involvierte auf, die mit sämtlichen anderen

79] Bruno Latour erklärt zur Definition von Quasi-Subjekten und Quasi-Objekten: „As soon as we are on the trail of some quasi-object, it appears to us sometimes as a thing, sometimes as a narrative, sometimes as a social bond, without ever being reduced to a mere being. [...] Of quasi-objects, quasi-subjects, we shall simply say that they trace networks. They are real, quite real, and we humans have not made them. But they are collective because they attach us to one another, because they circulate in our hands and define our social bond by their very circulation." Latour, *We Have Never Been Modern*, 1993, S. 89. Zu Bruno Latours Verständnis des Sozialen vgl. Schroer, „Vermischen, Vermitteln, Vernetzen: Bruno Latours Soziologie der Gemenge und Gemische im Kontext," in: Kneer, Schroer, Schüttpelz (Hg.), *Bruno Latours Kollektive: Kontroversen zur Entgrenzung des Sozialen*, 2008, S. 361–98, bes. 375–78.

80] Latour, „From Realpolitik to Dingpolitik or How to Make Things Public", 2005, S. 22–23. Siehe auch Latour, Sánchez-Criado, „Making the ‚Res Public'," in: *ephemera* 7/2, 2007, S. 364–371. Vgl. im Zusammenhang der politisch verstandenen Zusammenkunft bei Bruno Latour auch Lash, „Objekte, die urteilen: Latours Parlament der Dinge", *translate.eipcp.net*, 01/2007.

81] Zu der Bezogenheit auf die Dinge im Sinne von „Dingen von Belang" („matters of concern") vgl. Latour, „Why Has Critique Run out of Steam? From Matters of Fact to Matters of Concern", in: *Critical Inquiry*, 30, Winter 2004, S. 225–248.

82] *Making Things Public. Athmospheres of Democracy*, ZKM/Center for Art and Media Karlsruhe, 20. März – 3. Oktober 2005. Dies war die zweite Ausstellung, in die Bruno Latour für das ZKM involviert war. Die erste, von Kuratorenteam Peter Galison, Dario Gamboni, Joseph Leo Koerner, Bruno Latour, Adam Lowe, Hans Ulrich Obrist und Peter Weibel erstellte, fand unter dem Titel *Iconoclash. Beyond the Image Wars*

menschlichen und nicht-menschlichen Involvierten sinnstiftend verwoben und konstitutiv für die kuratorische Konstellation sind, denn als auf Vermittlung – seitens der Kurator*innen, Vermittler*innen oder auch der Künstler*innen selbst – angewiesene Rezipient*innen.

Ausgerechnet Bruno Latour lässt bei seiner Beteiligung an kuratorischen Prozessen diese eingeschränkte Perspektive auf Ausstellungen besonders anschaulich werden. Zwar versteht er die Dinge, als „Dinge von Belang", in enger Verbindungen zu Menschen, gesteht den zwischen ihnen bestehenden Beziehungen, in Anlehnung an Michel Serres, in der Funktion von Quasi-Subjekten und Quasi-Objekten einen prominenten Platz innerhalb des relationalen sozialen Zusammenwirkens zu **79**] und betont entsprechend ihre politisch versammelnde Kraft im Sinne einer „Res Publica". **80**] Dennoch nimmt er für sich selbst eine von diesen Belangen getrennte Position ein. **81**] 2005 arrangierte er in der Schau *Making Things Public* die entsprechend des im Katalog dargelegten theoretischen Konzepts der „Dingpolitik" ausgewählten Exponate, trug dabei aber weder den Bezügen Rechnung, die sich daraus für jene untereinander oder zu den Besucher*innen ergaben, noch der eigene Rolle und Funktion innerhalb dieser Versammlung. **82**] Zwar war die Ausstellung als „Assembly of assemblies" konzipiert, doch sollten in *Making Things Public* die Expo-

in Science, Religion and Art vom 4. Mai bis 1. September 2002 im ZKM statt. Zu Bruno Latours Stellungnahme zur Bedeutung des Ausstellungsmachen innerhalb seiner philosophischen Praxis vgl. Katti, „Mediating Political ‚Things' and the Forked Tongue of Modern Culture: A Conversation with Bruno Latour", in: *Art Journal*, 65/1, 2006, p. 94–115.

83] Latour, „From Realpolitik to Dingpolitik or How to Make Things Public", 2005, S. 34. Anliegen der Organisatoren, so schreibt Latour, war, „not one assembly but rather an assembly of assemblies, so that, much like at a fair, visitors or readers can compare the different types of representation. This is what we have attempted here." ebd., S. 31.

84] Latour versteht Artefakte als nicht-menschliche Wesen, die als Aktanten auftreten: „Jedes Artefakt hat sein Skript und das Potential, einen Passanten aufzuhalten und zu zwingen, in seiner Geschichte eine Rolle zu übernehmen." Latour, *Die Hoffnung der Pandora*, 2000, S. 215.

nate vor allem unterschiedliche Formen der Versammlung repräsentieren, anstatt sie ihrerseits, als agentiale Versammlungen, in Kraft zu setzen. 83] Entsprechend nimmt Latour im Verhältnis zu ihnen die hierarchische Positionen dessen ein, der sein Wissen vor den Rezipient*-innen zum Nachvollzug ausbreitet. Ungenutzt lässt er die Möglichkeit, die Kriterien, die er in seiner Akteur-Netzwerk-Theorie entwickelt hat, an den weitergefassten Versammlungsrahmen der „Assembly of assemblies" anzulegen und sich damit zusammen mit den Besucher*innen der Ausstellung als Teil eines relationalen, Akteur*innen und Aktanten einbindenden Gewebes zu verstehen. 84] Die relationalen Eigenschaften, die das Medium der Ausstellung anbietet, um die thematische Setzung, die „Veröffentlichung von Dingen", auszutragen, findet keine Resonanz oder gar fruchtbare Nutzung. Anstatt „mit" oder „durch" die Konstellation der Ausstellung zu argumentieren, spricht Latour „über" sie und vermittelt sie gegenüber den verschiedenen ihr ebenfalls äußerlich verstandenen Publikationskreisen.

Latour vergibt damit die in seiner Theorie der „Assembly" doch zumindest angelegte Möglichkeit, die Ausstellung als ein in sich versammelndes und auf öffentliches Erscheinen hin ausgerichtetes Gefüge zu verstehen, das es erlaubt, auch die eigene Eingebundenheit in die Beziehungen zwischen den Akteur*innen

85] Vgl. Albrecht, „Konstellationen“, 2010, S. 129.

86] Vgl. Mannheim, *Ideologie und Utopie*, 1929, S. 126–127. Ausführlich zu Karl Mannheims Selbstpositionierung im Verhältnis zur kulturwissenschaftlichen Konstellation vgl. Albrecht, a.a.O., S. 131–143.

und Aktanten auf ihre Voraussetzungen, Bedingungen und Potentiale hin zu befragen. Diese Auslassung gilt es im Kontext der Geschichte der Soziologie besonders zu betonen, war doch ein selbstreflektierendes Potential in der frühen kulturwissenschaftlichen und insbesondere wissenssoziologischen Adaption des Konstellationsbegriff vorgezeichnet. Denn in Abgrenzung zu Max Weber definiert dessen Bruder Albrecht Weber explizit die Position des Konstellationsanalytikers als eingebunden in die Konstellation und fordert von ihm entsprechend auch eine einflussnehmende Haltung gegenüber der Konstellation.[85] Auf der sinnstiftenden Perspektivgebundenheit der Konstellation durch den Wissenssoziologen besteht dann aber vor allem sein Schüler Karl Mannheim. Der Wissenssoziologe müsse, so Mannheim, mit mehreren wechselnden Positionen operieren, die vorsätzlich beweglich zu halten seien. Die Dynamik und Beweglichkeit des Subjekts stehe mit derjenigen seiner Objekte in Wechselwirkung. Als solchermaßen „freischwebender Intellektueller" könne er fixierte Positionen verflüssigen, reproblematisieren und offen halten.[86] Mannheim übernimmt mithin für die kulturwissenschaftliche Konstellation, die er aus der Astrologie und eben nicht der naturwissenschaftlichen Astronomie ableitet, die Aspekte der Perspektiviertheit, des Konstruktiven und des Dynamischen, um für den

87] Vgl. Albrecht, ebd., S. 142.

88] Andrea Albrecht hebt zum Abschluss ihrer Auseinandersetzung mit Karl Mannheims Konstellationskonzept dessen wissenschaftspolitisches Potential hervor, das in seiner Betonung der fließenden Konstellationsverhältnisse besteht, a.a.O., S. 145 Fn. 124: „Auch die Metapher des Netzwerks und des Rhizoms konnten die mit ihnen verbundenen hohen Erwartungen einer nicht-hierarchischen Repräsentation des Wissens letztlich nicht einlösen. Wichtiger als die Etablierung einer Darstellung, die Hierarchien vollständig eliminiert, scheint daher ein ‚Flüssighalten' der Hierarchien zu sein – und im Hinblick auf dieses Merkmal birgt die Metapher der Konstellation zumindest ein gewisses Potential."

89] Pierre Bourdieu gilt als der prominenteste Vertreter der Feldtheorie, auch wenn die Grundlagen etwa mit Max Weber und Karl Mannheim in Deutschland gelegt wurden. Vgl. Martin, „What is Field Theory?", in: *American Journal of Sociology*, 109/1, Juli 2003, S. 1–49. Zu Parallelen der Schriften Pierre Bourdieus und der Wissenssoziologie Karl Mannheims vgl. außerdem Neun, „Zwei Ansätze der Soziologie der Soziologie: Karl Mannheim und Pierre Bourdieu im Vergleich", in: *Österreichische Zeitschrift für Soziologie*, 40, 2015, S. 373–390.

Konstellationsforscher in Anspruch zu nehmen, als beeinflussender Faktor der Konstellation auf ihr Werden und ihren Wandel Einfluss zu nehmen. 87] In dem Sinne fungiert die Konstellation als Metapher der Wissensordnung, die sowohl den Pluralismus modern verfasster Wissenschaften als auch die Perspektiviertheit und situative Kontingenz wissenschaftlicher Forschung unterstreicht. Mit der Vorstellung von Verflüssigung liegt bei Mannheim ein besonderes Augenmerk auf der Möglichkeit, Hierarchien und Wertigkeiten kontinuierlichen Prozessen der Relationierung, Veränderung und Neuformulierung zu unterziehen. 88]

Mannheims Forderung an den Konstellationsforscher, multiple Positionen einzunehmen, um so für die Reflexion der jeweiligen Kontextabhängigkeit wissenschaftlicher Untersuchung und Wertung die Voraussetzung zu schaffen, schlägt über die wissenschaftssoziologische Tradition eine Brücke von seinem astrologisch hergeleiteten kultursoziologischen Konstellationsverständnis zur selbstreflexiven Ausrichtung der Feldtheorie Pierre Bourdieus. 89] Für Bourdieu hatte die Metapher der Konstellation zur Beschreibung dynamischer sozialer Zusammenhänge ihre definitorische Bedeutungskraft bereits eingebüßt. Sein Feld-Begriff unterscheidet sich im Umfang, in der Zusammensetzung der darin eine Rolle spielenden Akteur*innen sowie in der machtpolitischen

90] Vgl. zu diesem Vergleich Füssel, „Intellektuelle Felder. Zu den Differenzen von Bourdieus Wissenssoziologie und der Konstellationsforschung“, in: Mulsow, Stamm (Hg.): *Konstellationsforschung*, 2005, S. 188–206.

91] Zu einer kritischen Auseinandersetzung mit Bourdieus selbstreflexivem Ansatz in Referenz auf Karl Mannheim vgl. Camic, „Book Reviews. Science of Science and Reflexivity. By Pierre Bourdieu“, in: *American Journal of Sociology*, 111/5, März 2006, S. 1569–1571, hier S. 1571: „Yet, no more successfully than Karl Mannheim, with his vision nearly a century ago of liberation through the sociology of knowledge, does Bourdieu establish that the understanding that the sociology of science affords allows ‚escape‘ and ‚freedom‘ from ‚social determinisms‘.“

92] Die englische Übersetzung der Vorlesungsreihe am Collège de France erschien unter dem Titel *Science of Science and Reflexivity*, Chicago: University of Chicago Press, 2004. Die erweiterte und überarbeitete Fassung des letzten Kapitels wurde auf Deutsch unter dem Titel *Ein soziologischer Selbstversuch*, 2002 publiziert. Zur Vorgeschichte dieser Publikation vgl. Schultheis, „Nachwort“, in: ebd., S. 133–151. Die frühere selbstreflexive Auseinandersetzung publizierte Bourdieu als „The Specificity of the Scientific Field and the Social Conditions of the Progress of Reason“, in: *Social Science Information*, 14, 1975, S. 19–47.

93] In diesem Sinne differenziert John Levi Martin, „What is Field Theory?“, in: *American Journal of Sociology*, 109/1, Juli 2003, S. 33, zwischen der Selbstreflexivität Manheims und Bourdieus: „In contrast to others who imagined reflexivity to involve merely the sociological hero baring his (invariably noble) value commitments, Bourdieu's understanding requires the analyst to correctly position him- or herself in the field of relations between other analysts and other actors. This allows him to go beyond Mannheim's (1936 [1929]) reasonable if simplistic argument that correct know-

Ausrichtung maßgeblich von jenen Gruppierungen, die den Untersuchungsgegenstand der aktuellen Konstellationsforschung ausmachen. 90] Aber die Forderung nach einer reflektierenden Sicht auf die eigenen wissenschaftlichen Verfahren, Annahmen, deren Voraussetzungen und Bedingungen stellen seinen feldtheoretischen Ansatz in offensichtlichen Zusammenhang zu Mannheims in die Konstellationsvorstellung eingebetteter Forderung nach wissenschaftlicher Reflexivität. 91] In seiner letzten Vorlesungsreihe am Collège de France (2000–01) nahm Bourdieu, im Rückbezug auf seine frühe, 1975 veröffentlichte Auseinandersetzung mit dem eigenen wissenschaftlichen Feld, eine nochmalige Einschätzung seiner Position vor. 92] Anknüpfend an Mannheim geht er dabei wie auch schon früher insofern über ihn hinaus, als er nicht die multiplen Positionen, sondern den Überblick über die zwischen ihnen bestehenden Relationen in das Zentrum seines Verständnisses von Reflexivität rückt. 93] Abgesehen davon, dass schon dieser Fokus im Umgang mit den im Feld aktiven Positionen mit der frühen astrologisch-astronomischen Verwendung der Konstellationsmetapher kompatibel ist, ist doch auch hier die spezifische, veränderliche Beziehung zwischen Himmelskörpern untereinander und ihrer Beziehung zu den sie Beobachtenden bzw. sich auf sie Beziehenden zentral, so besitzt Bourdieus selbstreflexi-

ledge requires the multiplicity of views, by positing that what we need is less the points of view themselves, than an overall understanding of the relative placement of these points.“

94] Die Ausstellung der in Algerien entstandenen Fotografien Pierre Bourdieus wurde erstmals gezeigt unter dem Titel *Pierre Bourdieu. Images d'Algérie. Une affinité élective*, Institut du Monde Arabe, Paris, 23. Januar 2003 bis 2. März 2003. Bourdieu hatte sein fotografisches Archiv Franz Schultheis und der Fondation Pierre Bourdieu (Genf) sowie Camera Austria, Graz (Christine Frisinghelli) anvertraut, u.a. mit dem Ziel, die Fotografien im Rahmen von Publikationen und Ausstellung erstmals öffentlich zugänglich zu machen. Die erste Ausstellung in Paris hat er, der am 23. Januar 2002 starb, jedoch nicht mehr miterlebt. Zur Entstehungsgeschichte der Ausstellung von Bourdieus Fotografien vgl. Schultheis, „Pierre Bourdieu und Algerien. Eine Wahlverwandtschaft“, in: Schultheis, Frisinghelli (Hg.), *Pierre Bourdieu. In Algerien*, 2003, S. 9–20.

95] Pierre Bourdieu, „Bilder aus Algerien. Ein Gespräch mit Pierre Bourdieu von Franz Schultheis. Collège de France, Paris, 26. Juni 2001“, in: Schultheis, Frisinghelli (Hg.), a.a.O., S. 21–51, hier S. 48–49. Ausführlicher zum Einsatz der Fotografien und ihrer Ausstellung im Kontext der wissenschaftlichen Praxis Bourdieus vgl. Bismarck, „Auf dem Weg zum ‚Gipfel der soziologischen Kunst‘“, in: Bismarck, Kaufmann, Wuggenig (Hg.), *Nach Bourdieu*, S. 67–84.

ver Rückblick im Jahre 2002 insofern besondere Bedeutung für das Kuratorische, als er zu diesem Zeitpunkt für die Revision seiner wissenschaftlichen Selbstpositionierungen nicht allein seine Schriften und diejenigen anderer prominenter Akteur*innen im Feld heranzog, sondern gleichzeitig die Ausstellung seiner in Algerien zwischen 1958 und 1961 aufgenommenen Fotografien vorbereitete. **94**] Die Aufmerksamkeit, die er damit einem Materialkorpus widmet, den er über vierzig Jahre nicht nur vernachlässigt, sondern geradezu verheimlicht hat, bedeutet nicht nur eine Aufwertung der Bilder, sondern auch einen sich zumindest im Ansatz abzeichnenden Wandel seiner Wertschätzung von Objekten innerhalb sozialer Formationen. Die Ausstellung seiner in Algerien aufgenommenen Bilder revidiert ihre jahrzehntelange Aussparung, eine Selbstbeschränkung, die Bourdieu im Rückblick damit begründete, sie seien ihm nicht hinreichend „seriös" und „wissenschaftlich" gewesen **95**] – Kriterien, in denen sich die Anforderungen der selbsterlernten Disziplinen der Soziologie und Anthropologie spiegeln, denen er sich von der Philosophie aus zugewandt hatte. Das Ausstellungsvorhaben legt die der Feldlogik der philosophischen und soziologischen Disziplinen folgenden Voraussetzungen und Annahmen bloß, welche diese Auslassung bedingten. Es lässt die Objektivierung der eigenen objektivierenden Arbeit zu, die er als Schritt

96] Bourdieu, „Die Praxis der reflexiven Anthropologie. Einleitung zum Seminar an der Ecole des hautes études en sciences sociales, Paris, Oktober 1987", in: Bourdieu, Wacquant (Hg.), *Reflexive Anthropologie*, 1996, S. 251–294, hier S. 294.

97] Zu den Theorien von Bourdieu und Latour im Vergleich siehe Schinkel, „Sociological Discourse of the Relational: The Cases of Bourdieu & Latour", in: *The Sociological Review*, 55/4, November 2007, S. 707–729.

hin zum „Gipfel der soziologischen Kunst" versteht. 96] Implizit erlaubte er den Fotografien damit, die Rolle von in die Kämpfe im wissenschaftlichen Feld Beteiligten, sogar von aktiv in die Reformulierung der eigenen Position hineinwirkenden Faktoren zu übernehmen.

Betrachtet man die kritische Auseinandersetzung Bourdieus mit den Theorien Latours, die dieser gerade auch in der letzten Vorlesungsreihe am Collège de France noch einmal formulierte, hätte ihm wenig ferner gelegen, als diese Rolle der Fotografien im Sinne von Quasi-Subjekten zu verstehen. 97] Es ist allerdings auch nicht auszublenden, dass die Fotografien in der Beachtung, die Bourdieu selbst und andere ihnen in der Vorbereitung und Realisierung der Ausstellung haben zuteil werden lassen, mitwirkten an der Neubestimmung ihrer eigenen Position in Relation zu ihrem Fotografen, zu den Personen, die ihr Gegenstand sind, zu den wissenschaftlichen Methoden und Disziplinen, in denen sie zum Einsatz kamen oder hätten kommen können, zu deren Gesetzen, Regeln, Anerkennungskriterien sowie deren Evaluation, dass sie mithin das Feld, innerhalb dessen Bourdieu sich selbstreflektierend positionierte, in Bewegung versetzten, dass sie dieses Feld in der eigenen Exponierung in seiner inhärenten dynamischen Relationalität exponierten.

Für beide, Bourdieu wie Latour, bietet das Medium der Ausstellung die Gelegenheit, ihre

auf Relationalität fußende Theorie des pluralen Zusammenseins anders als textuell zu vermitteln. Klammert Latour in seiner Präsentation die eigene Einbezogenheit in die Genese und Ausformulierung der menschliche und nicht-menschliche Mitwirkende einschließenden kuratorischen Versammlung im Öffentlichen aus, so erhalten die Fotografien, versteht man sie als Objekte, für Bourdieu erst im Zusammenhang mit ihrer öffentlichen Präsentation die Anerkennung als Mitspieler in den konkurrenten, konfliktären Dynamiken des wissenschaftlichen Feldes. Mit Blick auf das Ursprungsverständnis des Konstellationsbegriffs, für das die Etablierung von Wahrnehmungsverhältnissen konstitutiv ist, werden diese Ausblendungen – der eigenen Rolle als Teil der menschlichen Involvierten bei Latour und der Fotografien als Teil der nicht-menschlichen bei Bourdieu – besonders deutlich. Denn die kuratorische Konstellation dynamisiert die Verhältnisse, die die Mitwirkenden untereinander eingegangen sind und eingehen, und sie bringt darüber hinaus auch die Bedingungen zur Anschauung, unter denen sich die Verhältnisse etablierten. In beiden Fällen sind die Vernachlässigungen, Ausblendungen oder vorsätzliche Selbstbeschränkungen der Perspektiviertheit, den Kriterien, Traditionen und den Regeln der jeweils eigenen Disziplin geschuldet. In dem die kuratorische Konstellation die Gegenstände und Menschen

98] Ausführlicher zu den Prozessen der Transposition im Zusammenhang mit Kuratorialität siehe das Kapitel „Transposition" in diesem Band, S. 153–179.

99] Jane Bennett spricht mit Blick darauf, dass die Dinge nie ganz verfügbar oder aneigenbar sind, von der Kraft der Dinge, der „Thing-Power", seien sie doch „vivid entities not entirely reducible to the contexts in which (human) subjects set them". Vgl. Bennett, *Vibrant Matter*, 2010, S. 5.

100] Nicolas Pethes spricht von der Konstellation als Schlüssel zu Benjamins Theorie von Gedächtnis, Kultur und Geschichte; Andreas Lehr nennt Konstellation das „Leitmotiv" von Adornos Philosophie. Vgl. Pethes, „Konstellationen", (ohne Datum), S. 6, 9; Lehr, *Kleine Formen*, 1999/2000, S. 114.

aus diesem vorherigen Bedeutungszusammenhang herauslöst und transponiert, ermöglicht sie die Artikulation neuer Verhältnisse, die jene verändern, die die disziplinären Grundlagen von Ein- und Ausschluss, Hierarchisierung und Ordnung ausmachten. **98**] Die Dynamik der beiden Konstellationen verdeutlicht zudem, dass die menschlichen und nicht-menschlichen Involvierten nicht auf eindeutige Funktionen – als wissenschaftlicher Untersuchungsgegenstand, als Repräsentant eines Forschungsergebnisses oder einer Disziplin – reduzierbar sind, sondern eine relationale Flexibilität ihrer Bestimmung aufweisen, die sich in dem Aufeinandertreffen im Öffentlichen artikuliert. **99**]

Gerade wenn man das Dynamische unterstreicht, erhält die Konstellationsvorstellung mit Walter Benjamin und Theodor W. Adorno schließlich noch eine weitere Bedeutungsebene. **100**] In ihr rückt die Dimension der Zeit gegenüber dem Raum nachdrücklich in den Vordergrund, verwenden Benjamin und Adorno den Konstellationsbegriff doch zur Beschreibung von Prozessen des Denkens, Forschens und Schreibens. Die Konstellation steht für geschichts-, sozial-, kulturwissenschaftliche und philosophische Vorgehensweisen, die Erkenntnis und Auslegung sowohl zur Darstellung bringen als auch ermöglichen. Auf den ersten Blick sind sie zunächst vergleichbar mit jenen wissenschaftlichen Anordnungsverfahren, mit

101] Lehr zeichnet nach, dass Adorno wesentliche Motive seines Schreibens, unter ihnen das der Konstellation, durch Benjamin vorgedacht sieht. Vgl. Lehr, a.a.O., S. 211.

102] Für Hannah Arendt führt die Montage bei Benjamin dazu, dass sich die aus dem Kontext gerissenen Elemente „gegenseitig illuminieren", vgl. Hannah Arendt, *Walter Benjamin. Bertolt Brecht*, 1971, S. 58. Über die Konstellation bei Nietzsche schreibt ähnlich Adorno: „Konstellation ist nicht System. Nichts schlichtet sich, nicht geht alles auf in ihr, aber eines wirft Licht aufs andere", vgl. Adorno, „Skoteinos oder Wie zu lesen sei", in: ders., *Drei Studien zu Hegel*, 1974, S. 84–133, hier S. 100.

103] Zur Aktualisierung von Vergangenheit bei Benjamin vgl. Pethes, „Konstellationen", (ohne Datum), S. 12–13.

104] Zur Montage als ideologiekritischer und -auflösender Konstruktionstechnik der Konstellation vgl. Lehr, *Kleine Formen*, 1999/2000, S. 157. Über die Verfahren, die bei Adorno, im Zusammendenken von Konstellation und Montage, zum Tragen kommen, schreibt Lehr, S. 239: „Wenn es so etwas wie ein Konstruktionsprinzip des Essays gäbe, wäre es die Wechselwirkung und Verflechtung, das Schaffen von Querverbindungen, Koordination statt Subsumption seiner Elemente – die Montage der Konstellationen." Die Prozesse der Wechselwirkung und Verflechtung werden in diesem Band unter dem Begriff der „Transposition" weiter ausgeführt, siehe das Kapitel „Transposition", S. 153–179.

deren Hilfe der Gegenstand der Untersuchung zuallererst in Erscheinung treten kann. Auch Benjamin und Adorno gehen davon aus, dass sich die Bedeutung der Einzelelemente überhaupt erst in ihrem Zusammenhang ergibt. Im Vergleich jedoch zu Max Weber und den nachfolgenden auf Konstellationen ausgerichteten ideengeschichtlichen Untersuchungsansätzen erfährt bei Benjamin und Adorno das in dem Kontext erforderliche Verfahren der Konstruktion, die Montage-Technik, explizitere Aufmerksamkeit. **101**] In der Montage werden für sie bislang nicht zusammengehörige Einzelelemente zu einem „Bild“, einer Konstellation verknüpft, in der sie sich – will man, mit Hannah Arendt, in der Bildsprache der Astrologie und Astronomie bleiben – gegenseitig beleuchten. **102**] Herausgelöst aus ihren vorherigen Kontexten, sind die Elemente frei für neue Bedeutungszuweisungen in der Begegnung mit anderen. **103**] Die De- und Neukontextualisierung der Elemente erlaubt sowohl, deren Genese mit ihren Bedingungen zu exponieren, als auch in der Neuanordnung bestehende Strukturen und Relationen zu unterlaufen. **104**] Erst in dem Bruch mit Altem und dem Aufeinandertreffen mit anderen ebenfalls dekontextualisierten Elementen bietet sich die Montage einer Geschichtsschreibung an, die daran interessiert ist, kontinuierliche Narrative, bestehende kausale Verknüpfungen und hierarchische Gefälle aufzu-

105] Vgl. in dem Zusammenhang auch Wawrzyn, *Walter Benjamins Kunsttheorie*, 1973, S. 95: „Montage ist ein Laborverfahren zu Entkonventionalisierung der Wahrnehmung." Zitiert nach Lehr, a.a.O., S. 157.

106] Benjamin, *Gesammelte Schriften*, V/1, S. 574. Vgl. dazu auch: „Geschichte schreiben heißt also Geschichte zitieren." a.a.O., S. 595. Lehr, a.a.O., S. 167, betont, dass Benjamins Montage im Passagenwerk nicht als Literatur, als Fiktion, zu verstehen sei, sondern als ein Forschungsprojekt.

brechen, Konventionen der Wahrnehmung zu irritieren und einen unabgeschlossenen Prozess der Geschichtskonstruktion an ihre Stelle zu setzen. **105**] Das *Passagen-Werk*, das sich ganz auf die Anordnung literarischer Zitate und Kommentaren verlässt, bringt Benjamins konstellatives Vorgehen – ganz im Sinne einer Versammlung im Öffentlichen – beispielhaft zum Ausdruck. „Methode dieser Arbeit: literarische Montage. Ich habe nichts zu sagen. Nur zu zeigen" **106**], schrieb er erläuternd, vollzog und zugleich demonstrierte damit ein Verfahren der Geschichtsschreibung, das Diskontinuitäten als notwendige Voraussetzung für das Aktualisieren von Geschichte auffasste.

In Adornos Überlegungen zur philosophischen Darstellung reflektiert die Konstellationsvorstellung außerdem seinen Anspruch, mit der Schreibweise dem Untersuchungsverfahren ebenso wie dem Untersuchungsgegenstand gerecht zu werden, mithin die Einzelelemente nicht hierarchisch zu ordnen, sondern gleichberechtigt zu behandeln. „Es handelt sich einfach darum, daß aus meinem Theorem, daß es philosophisch nichts ‚Erstes' gibt, nun auch folgt, daß man nicht einen argumentativen Zusammenhang in der üblichen Stufenfolge aufbauen kann, sondern daß man das Ganze aus einer Reihe von Teilkomplexen montieren muß, die gleichsam gleichgewichtig sind und konzentrisch angeordnet, auf gleicher Stufe; deren

107] Adorno, *Ästhetische Theorie*, 1997, S. 541.

108] Ebd.: „Das Buch muß gleichsam konzentrisch in gleichgewichtigen, parataktischen Teilen geschrieben werden, die um einen Mittelpunkt angeordnet sind, den sie durch ihre Konstellation ausdrücken." Vgl. ausführlicher zur Parataxe und zum Montageverfahren bei Adorno sowie dessen Abgrenzung zum zitierenden Verfahren Benjamins Lehr, a.a.O., S. 153–154, 161, 184–187.

109] Adorno schreibt zu der Entwicklung der Begriffsbedeutung im Essay: „Präzisiert werden sie durch ihr Verhältnis zueinander. (…) Weniger nicht, sondern mehr als das definitorische Verfahren urgiert der Essay die Wechselwirkung seiner Begriffe im Prozeß geistiger Erfahrung. In ihr bilden jene kein Kontinuum der Operationen, der Gedanke schreitet nicht einsinnig fort, sondern die Momente verflechten sich teppichhaft."; sowie: „Seine Übergänge desavouieren die bündige Ableitung zugunsten von Querverbindungen der Elemente, für welche die diskursive Logik keinen Raum hat." Vgl. Adorno, „Der Essay als Form", in: ders., *Noten zur Literatur*, 1981, S. 9–33, hier S. 20–21, 33.

110] Vgl. Benjamin, *Gesammelte Schriften*, V/1, S. 576: „Nicht so ist es, daß das Vergangene sein Licht auf das Gegenwärtige oder das Gegenwärtige sein Licht auf das Vergangene wirft, sondern Bild ist dasjenige, worin das Gewesene mit dem Jetzt blitzhaft zu einer Konstellation zusammentritt." Zu dem Aspekt des momenthaften Aufeinandertreffen der Einzelelemente in der Konstellation und dem Charakter der Unabgeschlossenheit bei Benjamin und Adorno siehe ausführlicher Pethes, „Konstellationen", (ohne Datum), S. 12–14 sowie Lehr, a.a.O., S. 121–122, 129–130.

Konstellation, nicht die Folge, muß die Idee ergeben.“ **107**] Das Bemühen um einen konstellativen Darstellungsstil mündet für ihn in eine parataktische Schreibweise, in deren Rahmen die Montage eigener Textteile erfolgt. **108**] Konstellation und Montage finden für ihn in der Form des Essays zusammen, den auszeichnet, dass sich in ihm die Begriffe erst im Verhältnis zueinander und in Wechselwirkung präzisieren. **109**]

Unabhängig von der Art der montierten Komponenten ist auf diese Weise für beide Autoren, für Benjamin wie für Adorno, das Konstellationsverständnis wesentlich durch Verzeitlichungen geprägt: durch das momenthafte Zusammentreffen der einzelnen Elemente, durch den Prozess der Montage, der gleichermaßen Modi des Forschens und Denkens, des deiktischen Offenlegens wie auch der deutenden Sinnstiftung betrifft, und schließlich durch den Charakter des Unabgeschlossenen, der das eigene Vorgehen ebenso wie die Zielsetzung definiert. **110**] Der Fokus liegt auf der Bedeutung, die sich in der und durch die Konstellation ergibt. Werden diese zur Darstellung gebracht und öffentlich gemacht, zielt das nicht auf feststehende Bilder, sondern auf unabgeschlossene Prozesse des Anschaulich-Werdens. Filmische Montageakte liegen zur Beschreibung dieses Verfahrens nahe, aber auch solche des Zitierens, Verknüpfungsakte, die ihr Material

solchermaßen in Bewegung versetzen, dass sie als Einzelteile niemals *sind*, sondern stets im Rahmen ihrer Kombination und Anordnung neu *werden*.

In den kreativen und forschenden Konstellationsprozessen Benjamins und Adornos spielen die eigene Mitwirkung oder die von Objekten keine explizite Rolle. Wie die Auslegungen des Konstellationsbegriffs durch die Kultur- und Wissenssoziologie nehmen sie selektiven Bezug zur Ursprungsmetapher. Allen theoretischen Definitionen ist damit gemeinsam, dass sie auf die astrologisch-astronomische Konstellation Bezug nehmen, aber nur in Einzelaspekten. Diese erweitern sie jeweils, bauen sie aus und aktualisieren sie, ohne in dieser Auseinandersetzung die ursprüngliche Bedeutung gänzlich zu erschöpfen. Das relationale, agentiale Zusammenwirken von menschlichen und nichtmenschlichen Akteuren unter den Bedingungen von Wahrnehmungsverhältnissen – zentral für die kuratorischen Bedingungen – kommt in keiner der Gebrauchsweisen so deutlich zum Ausdruck wie in der astronomisch-astrologischen. Dafür stärken die späteren Auslegungen die Bedeutung, die die Konstellation als Forschungsgegenstand, als Forschungsprozess und als gestaltende kreative Praxis besitzt. Sie betonen die in der Konstellation durch unterschiedliche Zeiten hindurchwirkenden Bezüge historischer Ereignisse, Entwicklungen und

111] Michel Foucault führt den Begriff der Konstellation im Sinne einer Ordnung diskursiver Formationen ein, die über die für die jeweilige Formation gültigen Bedingungen entscheiden, und nimmt damit Funktionen des später entwickelten Dispositiv-Begriffs vorweg. Michel Foucault, *Archäologie des Wissens*, 1981, S. 97–99. Zum kuratorischen Dispositiv siehe Kapitel „Gastfreundschaft" in diesem Band, S. 185–223.

112] Der Begriff „conjuncture" wurde von Stuart Hall geprägt und für die Cultural Studies fruchtbar gemacht, vgl. Bennett, „The Stuart Hall Conjuncture", in: *Cultural Studies Review*, 22/1, März 2016, S. 282–286.

ihrer Bedingungen zu einander, in denen sich sowohl deren Machtpotential als auch deren Veränderungsfähigkeit abzeichnet.[112] Mit dem Fokus auf das momenthafte, bedeutungsverändernde und -generierende Zusammenkommen in der Konstellation öffnen sie den Begriff auf den der „conjunctures“, mit dem in den Cultural Studies die Elemente hegemonialer Formationen und deren Brechung untersucht werden.[113] Sie rücken die Herausforderungen und Möglichkeiten in den Blick, die die dynamische Veränderbarkeit der Konstellation für bestehende Verhältnisse, Positionen und Positionierungen beinhaltet und unterstreichen mit dem ephemeren Charakter die letztliche Unverfügbarkeit der einzelnen menschlichen und nicht-menschlichen Bestandteile. In der Zusammenschau haben die unterschiedlichen Auslegungen, im Sinne einer Montage von Konstellationen, gleichberechtigten, durch einander hindurchscheinenden Bestand. Vor dem Hintergrund der astrologisch-astronomischen Bedeutung entfalten die so miteinander in Beziehung gebrachten Begriffsdefinitionen das Spektrum, in dem die Potentiale und Bedingungen des Beziehungsgeflechts der kuratorischen Versammlung im Öffentlichen ein Bild finden.

113] Schwab, „Introduction“, in: ders. (Hg.), *Transpositions*, 2018, S. 7–21, hier S. 7.

TRANSPOSITION
Die Bewegung in Verschränkungen

Alle an einer kuratorischen Konstellation Beteiligten sind in Umsetzungsakte eingebunden, die, ganz allgemein gesprochen, mit dem Wechsel relativer Verortung einhergehen. Menschliche und nicht-menschliche Akteure erfahren Verlagerungen, von einem Ort, einer Zeit, von einem sozialen, ästhetischen, ökonomischen, kulturellen oder diskursiven Zusammenhang zu einem anderen. Im Transfer vom Atelier in den Ausstellungsraum, vom Ding zum Exponat, vom Privaten ins Öffentliche, vom Bereich des Alltäglichen in den von Kunst und Kultur vollziehen sie den Wandel, der sie zu Mitwirkenden an den kuratorischen Verknüpfungs- und Wahrnehmungsverhältnissen macht. Der Wechsel zwischen Medien, Sprachen, Disziplinen und Kulturen ist in die Geschichte der Mitwirkenden fortan eingeschrieben, Verwandlungen von professionellen Rollen oder gesellschaftlicher Stellung, von Funktion und Status gehören zu den für die Mitwirkung notwendigen Erfahrungen. Es sind Prozesse der Transposition, der spezifischen Positionierung als „Ergebnis von Bewegung" **113**], die alle an der kuratorischen Situation Beteiligten vollziehen, in denen sie sich verändern und verwandeln. Sie sind die Voraussetzung für die Konstitution der Verhältnisse innerhalb der kuratorischen Konstellation und die Garanten für deren Dynamik.

114] Vgl. Braidotti, *Transpositions*, 2006, S. 5.

In dem weiten Bedeutungsspektrum, in dem der Begriff „Transposition“ Verwendung findet, sind insbesondere drei Aspekte für den kuratorischen Zusammenhang von Bedeutung: die Verbindung von kreativ gestaltenden mit kognitiven Prozessen und Verfahren, die enge Verflechtung menschlicher und nicht-menschlicher Beteiligter und die situative, prozessuale Ausrichtung.

In den Geistes-, Sozial- und Naturwissenschaften wird ebenso wie im Bereich der Kunst und der künstlerischen Forschung der Begriff der Transposition zur Beschreibung sowohl kreativ gestaltender wie auch kognitiver Prozesse und Operationen genutzt. Die Philosophin Rosi Braidotti, entscheidende Stichwortgeberin für die aktuelle Bedeutung des Konzepts der „Transposition“ innerhalb des posthumanen Diskurses, benennt, die Spannweite der späteren Nutzung durch Wissenschaft und Kunst bereits auslegend, zwei Quellen für ihr Interesse: die Musik und die Genetik. Indem sie bei den Wechseln und Variationen von Tonarten einerseits und der Mutation von Genen andererseits ansetzt, die durch die Trennung der Verbindung zwischen ihnen erzeugt wird, gelangt sie zu einem Verständnis von Transposition, das auf einen intertextuellen, grenzüberschreitenden und transversalen Transfer verweist. **114**] Hier knüpfen mit unterschiedlicher Akzentsetzung die Auseinandersetzungen in

115] Der von Michael Schwab herausgegebene Band *Transpositions. Aesthetico-Epistemic Operators in Artistic Research* versammelt Perspektiven aus der Musik, Kunst, künstlerischen Forschung, Medienwissenschaft, Kommunikationswissenschaft, Wissenschaftsgeschichte und Philosophie. Zu den angeführten Perspektiven unerwarteter Effekte, Neuschöpfungen und Erkenntnisproduktion vgl. insbesondere Dahlberg, „Annlee; or, Transposition as Artistic Device", S. 97–115; Schwab, „Transpositionality and Artistic Research", S. 191–213; Rheinberger, „Transpositions: From Traces through Data to Models and Simulations", S. 215–224; Mersch, „Alchemistic Transpositions: On Artistic Practices of Transmutation and Translation", S. 267–279, in: Schwab (Hg.), *Transpositions*, 2018.

116] Der Diskurs um Transposition referiert in dem Verständnis der Involvierung von menschlichen und nicht-menschlichen Wesen auf die von Karen Barad vorgeschlagene posthumanistische Definition von „entanglement": „agencies are only distinct in relation to their mutual entanglement; they don't exist as individual elements." Vgl. Barad, *Meeting the Universe Halfways*, 2007, S. 33. Zu der Verschränkung der Agenten innerhalb von kuratorischen Verhältnissen siehe das Kapitel „Kuratorialität" in diesem Band, S. 11–93.

117] Für Rosi Bradidotti verweist der Begriff „Transposition" auf die Beweglichkeit und die Querverweise zwischen Disziplinen und diskursiven Ebenen, die sie als „zigzagging interconnections" bezeichnet. Vgl. „Transformations", in: Schwab (Hg.), *Transpositions*, 2018, S. 23–31, hier S. 28.

Kunst, künstlerischer Forschung und Ästhetik an. Für die kuratorischen relationierenden Vorgänge entwickeln in Analogie vor allem diejenigen Perspektiven Relevanz, die den Verlauf und den Akt der Transposition mit unerwarteten Effekten, Neuschöpfungen und Erkenntnisproduktion in Verbindung bringen. 115]

Der Begriff trägt zudem der Beteiligung aller Komponenten einer kuratorischen Konstellation an diesen Vorgängen Rechnung, insofern er materiellen Anteilen Raum gibt, ohne sich auf diese zu beschränken. Er beschreibt vielmehr eine enge, unlösbare Verschränkung der menschlichen und nicht-menschlichen Akteure untereinander, wie sie Kuratorialität charakterisiert einschließlich des Potentials dieser Verschränkungen, weitere Mitwirkende zu generieren. 116]

Vor allem aber ist die relationierende Ausrichtung der Transposition in Kombination mit deren transversalen, überkreuzenden Bewegungen, die ebenso Verbindungen herstellen, wie sie auf vollzogene Trennungen verweisen, für die kuratorischen Verhältnisse von Bedeutung. Nicht-linear, in Zick-Zack-Verläufen 117] stellen die transpositorischen Bewegungen Querverbindungen her, verkoppeln bislang Separiertes miteinander und erlauben unvermutete Begegnungen. Sie greifen in bestehende Beziehungen ein, isolieren, fragmentieren, ordnen neu; sie sind in der Lage, historische Ereignisse zu

118] Elizabeth Povinelli definiert Infrastruktur als zugleich bewegend und formend. Die Merkmale der Infrastruktur im ästhetischen Bereich sind für sie zusammengefasst erstens dass sie den künstlerischen Raum in einer Weise verbindet, so dass bestimmte Dinge sich hindurch bewegen können und andere nicht, zweitens dass diese Formen von Verbindungen die Verbindungen selbst konditionieren und formen, und drittens dass sie die Dinge, die sich durch die Verbindungen hindurchbewegen, konditionieren und formen, vgl. „Aesthetic Analytics #2 – The Infrastructure Summit", *Bergen Assembly–freethought's The Infrastructure Summit,* 2016. Zur infrastrukturellen Funktion von Kuratorialität siehe Kapitel „Kuratorialität" in diesem Band, S. 11–93.

sampeln, Abläufe und Erzählungen zu durchbrechen, zwischen verschiedenen Zeiten der Geschichtsschreibung zu vermitteln und unterschiedliche Perspektiven einzunehmen und nebeneinanderzustellen. Versteht man Kuratorialität als die kuratorische Infrastruktur und schreibt, mit Elizabeth Povinelli, Infrastruktur die Kraft zu, Bewegung zu erlauben und zu gestalten, dann ist die Transposition der Modus, in dem Bewegung im Rahmen von und mittels Kuratorialität erfolgt. **118**]

Spezifisches Merkmal dieser kuratorischen Transpositionsbewegungen, in denen das Herstellen von Beziehungen immer zugleich auch mit dem Kappen von Beziehungen einhergeht, ist, dass sie zwei Ausrichtungen in sich vereinen, die divergieren und gegenläufige, konfliktgeladene Ausprägung entfalten können: Um kuratorische Konnektivitäts- und Wahrnehmungsverhältnisse zu generieren, folgen die Bewegungen einerseits versammelnden, Zugehörigkeiten und Verbindungen schaffenden Impulsen, die auf den – vorübergehenden – Zusammenhalt der Konstellation ausgerichtet sind. Andererseits ist dieses nach Innen gerichtete Bewegungsmoment aber untrennbar mit der Orientierung nach Außen auf eine Öffentlichkeit hin verschränkt. Für die kuratorische Versammlung im Öffentlichen sind mithin sowohl kompositorische als auch expositorische Prozesse erforderlich, die die Verbindungen zwischen den

119] Vgl. Chevrier, Hofmann, Sennewald, „Montage et argumentation/Erfahrung als Denkbewegung im Ausstellungsraum. Deux entretiens", in: Hausbei, Hofmann, Hubé, Sennewald (Hg.), *transversale 2: Erfahrungsräume – Configurations de l'expérience*, 2006, S. 66–73.

120] Vgl. Manuskript in der Gabriele Münter- und Johannes Eichner-Stiftung, München, vermutlich 1910–1912 verfasst, zitiert nach Marion Ackermann, *Farbige Wände. Zur Gestaltung des Ausstellungsraumes von 1880 bis 1930*, 2003, S. 56.

121] Vgl. Buren, „Ausstellung einer Ausstellung", in: *documenta 5*, 1972, S. 17–29.

Beteiligten ermöglichen und ihnen Form verleihen.

Im kompositorischen Sinne beschrieb Jean-François Chevrier, Kunsthistoriker und Mitglied im Beraterteam der 1997 von Catherine David kuratierten documenta X in Kassel, seine eigene Ausstellungspraxis als eine Mischung von komponierenden und montierenden Verfahren, um damit die absichtsvollen, aber auch die kontingenten Anteile zu benennen. **119**] Ein Bild zu malen und eine Ausstellung zu machen, schrieb nahezu einhundert Jahre früher Wassily Kandinsky, „sind zwei sehr ähnliche Beschäftigungen", die dasselbe Ziel haben, nämlich Kunst. Anstatt als „zufälliges Aufhäufen der zufälligen einzelnen Werke" versteht er eine Ausstellung vielmehr als „ein Riesenbild, welchem als einzelne Farben einzelne Seelen der Künstler dienen". **120**] Die vielzitierte Kritik Daniel Burens an einer Ausstellungspraxis, in der die künstlerischen Arbeiten nurmehr „sorgfältig ausgewählte Farbtupfen" sind – eine Haltung, für die ihm Harald Szeemanns documenta 1972 symptomatisch stand – übersetzt die malerische Metapher der kreativen Gestaltung in das Set kuratorischen Machtgefüges. **121**] In allen drei Aussagen kommt zum Ausdruck, dass die kuratorische Transpositionsbewegung sich stets in Richtung einer (anders) kollektiven Situation vollzieht. Einzelne menschliche und nichtmenschliche Mitwirkende sehen sich ebenso

122] Das Bedeutungsumfeld des Lateinischen im Sinne von auseinandersetzen, auslegen, aussetzen, darlegen, darstellen und eben ausstellen klingt in romanischen Sprachen noch nach in der „Exposition" und findet Eingang in den deutschen Sprachgebrauch in den Begriffen des „Exposé", der vorausschauenden knappen Inhaltsangabe, oder der „Exposition", die für die Literaturwissenschaft eine Einführung in die Ausgangssituation, im Bereich der Medizin das Ausgesetztsein von Lebewesen gegenüber schädigenden Umwelteinflüssen bezeichnet. Das englische „exhibit" geht dagegen auf das lateinische „exhibere" (darbieten) zurück, zielt damit begriffsgeschichtlich stärker auf den Aspekt der bewussten Herstellung von Wahrnehmungsverhältnissen ab.

123] Der politische Philosoph und Soziologe Oliver Marchart hebt diese enge Verbindung des Versammelns und Öffentlich-Werden im Ausstellen aus öffentlichkeitstheoretischer Warte und mit dem Fokus auf menschliche Akteur*innen hervor, wenn er die kuratorische Funktion als Organisation von Öffentlichkeit diskutiert und dabei, der Definition Jérome Sans' folgend, den französischen Begriff der „exposition" im Sinne der Einnahme einer Position stark macht. Er unterstreicht damit, dass die kuratorische Funktion nur durch die Ausstellung und die dafür spezifisch eingenommene Position, nämlich eine antagonistische, die mit politischen und kollektiven Praktiken gekoppelt ist, in Kraft treten kann. Vgl. Marchart, *Conflictual Aesthetics*, 2019, S. 143–153.

wie bereits bestehende Zusammenschlüsse oder auch ganze Konstellationen in einen neuen, kollektiven Zusammenhang transferiert. Beteiligt an dieser Umsetzung sind immer mehrere, Kuratorialität in ihrer relationalen Anlage ist durch das Zusammenspiel Mehrerer bestimmt. Verantwortung für die transpositorischen Prozesse kommt entsprechend nie Einzelnen zu, noch ergeben sich die relationalen Effekte vereinzelt, sie sind vielmehr auf Viele verteilt.

Zugleich verknüpft die kuratorische Transposition das Zusammenkommen immer schon mit dem Ausgestellt-Sein und so auch mit der expositorischen Bewegungsrichtung. Diese nachdrückliche Ausrichtung auf öffentliche Wahrnehmung im Sinne einer Außenorientierung ist etymologisch begründet, nimmt doch die Verknüpfung von „Aus“ und „Stellen“ die Bedeutung des lateinischen *exponere* auf, bei dem das Suffix „ex“ (aus) mit dem Verb „ponere“ (setzen, legen, stellen) verbunden ist. In besonderem Maße betont dieser Bewegungsanteil der Transposition die Funktion, etwas zur Ansicht kommen zu lassen. **122**]

Auch wenn es aufgrund der etymologischen Herleitung naheliegen mag, der Beziehung zum Öffentlichen besonderes Gewicht einzuräumen, ist die Transposition im Bereich des Kuratorischen doch ohne den Aspekt des Zusammenkommens nicht denkbar. **123**] Kuratorisches Transponieren bedeutet, Beziehungen herzu-

124] Zu Benjamins Verständnis von Konstellation siehe das Kapitel „Konstellation" in diesem Band, S. 99–147.

125] Vgl. Benjamin, „Der Autor als Produzent" (1934), in: ders., *Medienästhetische Schriften*, 2002, S. 231–247, hier S. 244–245.

stellen, an denen das Öffentlich-Werden konstitutiv beteiligt ist; öffentlich wird in der kuratorischen Transposition das transpositorisch Zusammengestellte. Beide Ausrichtungen, die Versammlung und die Dispersion, sind untrennbar miteinander verbunden und prägen die Verhältnisse untereinander durch die Dynamik der Richtungswechsel. Diese Richtungswechsel sind integrierte Bestandteile der Zickzack-Bewegungen, die die unterschiedlichen Menschen und Dinge, Disziplinen und Medien, Zeiten und Räume in Beziehung zueinander setzen und miteinander verstricken.

Die möglichen Implikationen beider Bewegungsrichtungen, der Versammlung und der Hinwendung ins Öffentliche, kommen in Walter Benjamins Denken in enger Beziehung zu seinem Konzept der Konstellation zum Tragen. **124**] Versteht man in seinem Sinne die Montage als eine Praxis des Zusammenführens, Verbindens und Versammelns, die Übersetzung wiederum als Verfahren des Aus-Sich-Heraussetzens und Vermittelns, dann entfaltet sich in dem Verhältnis beider zueinander auch die politische Dimension des transpositorischen Vorgehens: Im einen Fall unterbricht die Montage, analog zur Transposition, sowohl die Bedeutungs- und Funktionszusammenhänge, in die sie etwas einstellt, als auch diejenigen, denen das Eingestellte entnommen wurde. **125**] In dem Maße, in dem Gegenwarts- und Vergangenheitsverhält-

126] Vgl. Arendt, *Walter Benjamin. Bertolt Brecht. Zwei Essays*, 1971, S. 58.

127] Benjamin: „Die Aufgabe des Übersetzers" (1921), in: ders., *Gesammelte Schriften*, IV/1, 1972, S. 9–21, hier S. 14–15, 18, 20.

nisse gelöst und neu formatiert werden, wirkt die Montage in unterschiedliche raum-zeitliche Strukturen hinein. In Benjamins Vorstellung haben diese Unterbrechungen das Potential, dass die einzelnen Elemente frei sind, um sich zu einer Konstellation neu zu verbinden und sich gegenseitig zu „illuminieren“.[126] Im anderen Fall löst die Übersetzung die strenge Verbindlichkeit zu einem vorgängigen Zustand im Interesse von Fort- und Überleben, von „Wandlung und Erneuerung“ auf. Benjamins vielzitiertes Bild der Tangente, die den Kreis, den Ausgangstext, lediglich an einer Stelle berührt, um von dort ihren eigenen Weg weiterzuverfolgen, dient ihm dazu, die Freiheit zu betonen, mit der die Übersetzung über die bloße Vermittlung hinausgeht. Das Verhältnis zwischen Übersetzung und Original muss für ihn entsprechend durchscheinend, anstatt verdeckend sein.[127]

Mit seiner Definition von Montage und Übersetzung fasst Benjamin die gestalterischen, kreativen, Bedeutung generierenden Aspekte des Zusammenstellens und Transferierens. Implizit deutet er mit ihnen aber zugleich auch an, dass jenseits der kreativen und kognitiven Potentiale latent auch Überlagerung, Appropriation, Auslöschung und Unterordnung mögliche Effekte sein können. Zwischen den beiden Konzepten zeichnen sich die Konfliktlinien ab, die sich im Zuge der transpositorischen Prozesse

im Kuratorischen ergeben. Entlang von ihnen kann das Aufeinandertreffen von bislang Getrenntem in der kuratorischen Konstellation zu gegenseitigen Austauschprozessen und erhellenden Synergien führen, die gegen die möglichen Wirkkräfte antreten, unsichtbar werden zu lassen, zu neutralisieren, auszubeuten oder zu unterdrücken. An ihnen entscheidet sich, in welcher Weise im Interesse von Veränderung und Aktualisierung im Transfer die Verbindung zu vorangegangenen Verhältnissen gelöst wird oder sichtbar bleibt, welche Verwandlung die vormaligen Verhältnisse vollziehen und welche neuerliche Bindungsmacht sie dadurch erhalten. Die Transpositionsprozesse ermöglichen die für die kuratorischen Verhältnisse charakteristische Historizität, mit der die Eigenschaften, Ausprägungen, Wirkungsweisen und -möglichkeiten, die Narrative und die Werte, die die Menschen, Dinge und die zwischen ihnen etablierten Verhältnisse durch die Zeiten hindurch akkumuliert haben, zu Agenten innerhalb der kuratorischen Situation werden. Im Traversieren durch historische Verstrickungen erlauben sie, Konfrontation oder auch Versöhnung, Besitznahme oder -verteilung transhistorisch auszutragen. Sie legen die Möglichkeit an, dass Exponate überhaupt erst als Exponate entstehen, dass sie sich verändern und auch wieder vergehen. Sie setzen in retrospektiven Formaten Künstler*innen in ein Verhältnis zu ihrem

128] Zu einer Kritik an aneignender Verfügungsmacht durch ein Verständnis von Aneignung im Sinne permanenter Transformationsprozesse vgl. Jaeggi, „Aneignung braucht Fremdheit", in: *Texte zur Kunst*, 46, Juni 2002, S. 60–69. Zu der mit dem Begriff des „Extraktivismus" gefassten Kritik an den fortdauernden kolonialen Verhältnissen, innerhalb derer indigenes Wissen angeeignet und verwertet wird, vgl. die Auseinandersetzung von Alex Fynn mit Ramon Grosfoguel und Linda Tuhiwai Smith, „The Curator, the Anthropologist: ‚presentialism' and open-ended enquiry in process", in: Sansi (Hg.), *The Anthropologist as Curator*, 2019, S. 173–193, bes. 180–181; Grosfoguel, „Del ‚extractivismo económico' al ‚extractivismo epistémico' y ‚extractivismo ontológico': una forma destructiva de conocer, ser y estar en el mundo", in: *Tabula Rasa*, 24, S. 123–43 sowie Smith, *Decolonizing Methodologies: Research and Indigenous Peoples*, 1999.

jüngeren Ich, verleihen Kurator*innen die Möglichkeit, in die Schuhe ihrer Vorgänger*innen zu treten, sie verlangen von Betrachter*innen Zeitreisen oder bannen sie in das Gegenüber stillgestellter Geschichte. Sie verleihen bislang nicht Gesehenem, Vergessenem oder Ignoriertem Auftritt, zwingen für unvereinbar Gehaltenes in eine temporäre Gemeinschaft, orchestrieren das Aufeinanderprallen von Gegensätzen. Sie lassen die Bedingungen sichtbar werden, unter denen Verhältnisse von Aneignung und Extraktivismus entstehen. **128**] Durch Schnitte, relationale (Re-)Positionierungen und das Herstellen von Querverbindungen sind Prozesse der Transposition die Voraussetzung (selbst-)reflektierender und (selbst-)kritischer Geschichtsschreibung – und dies nicht zuletzt im Umgang mit der gesellschaftlichen Aufgabenstellung von Kunst- und Kultureinrichtungen, mit den Bedingungen, unter denen Sammlungen entstanden sind sowie den daraus gezogenen Schlussfolgerungen für eine Handhabung des Gesammelten.

Aufgrund der Prozessorientierung der Transposition befinden sich die Verhältnisse, die sie herstellt und in die sie eingreift, im Werden. Verbindendes und Trennendes treten als veränderlich und veränderbar in Erscheinung, wodurch Voraussetzungen – im Sinne von Bedingungen der Möglichkeit – geschaffen werden, eine Verdinglichung der Konstellation zu

129] Vgl. Massumi, *Parables for the Virtual*, 2002, darin Kapitel 3, „The Political Economy of Belonging and the Logic of Relation", S. 68–88, hier S. 77.

130] Adamczak, *Beziehungsweise Revolution*, 2017, darin das Kapitel „Bzw. Der Begriff der Beziehungsweise", S. 239–257, hier S. 246.

vermeiden. „Change is emergent relation“ betont Brian Massumi, jeder folgende, post-emergente Zustand geht einher mit Kodifizierung, Standardisierung, Historisierung und damit neuerlicher Festschreibung. **129**] Als relationierende Neuverortung, die auf den Aufbau, die Gestaltung und den Abbau von Relation gerichtet ist, nimmt die Transposition an der Ermöglichung emergenter Formen der Beziehungen teil, die sich zwischen den Beteiligten einer kuratorischen Konstellation ergeben. Sie ist auf den Abstand zwischen den Beteiligten ausgerichtet, den Raum, den diese durch ihre Bezugnahme aufeinander generieren und artikulieren, die Art und Weise wie dieser generiert wird, sich ausformuliert und Bestand hat (oder auch nicht). Die Transposition bezieht sich auf „Beziehungsweisen“, um erneut den Begriff aufzunehmen, mit dem Bini Adamczak die Verbindungen beschreibt, die die Gesellschaftlichkeit der Gesellschaft ausmachen. **130**] Übertragen auf den Kontext von Kuratorialität fokusiert die Transposition in ihren kreativ-gestaltenden ebenso wie erkenntnisorientierten Prozessen und Praktiken zusammen mit den Verhältnissen der menschlichen und nicht-menschlichen Mitwirkenden untereinander auch das potentiell emergente Verhältnis dieser Verhältnisse. Zum einen ermöglicht sie, diejenigen Beziehungen, die scheinbar die Grundlage des Zusammenspiels im Kuratorischen darstellen und aus

131] Am Beispiel des Fußballspiels argumentiert Massumi, dass die Regeln eines Spiels immer der Emergenz einer unformalisierten Proto-Form des Sports folgen und nicht umgekehrt. „It might be argued that all foundations are of this nature: ex post facto regulatory framings rather than effective foundings.", Massumi, *Parables for the Virtual*, 2002, S. 71.

132] Braidotti, „Transposing Life", in: Essed, Schwab (Hg.), *Clones, Fakes and Posthuman: Cultures of Replication*, 2012, S. 61–78, hier S. 74.

133] Zu den Schwerpunkten des Diskurses um Transposition vgl. Braidotti, Hlavajova (Hg.), *Posthuman Glossary*, 2018, S. 433 zum Stichwort „Trans"; Braidotti, „Transposing Life", a.a.O., S. 74.

134] In diesem Sinne schreibt etwa Bini Adamczak, „Eine Beziehungsweise ist weder Subjekten innerlich, noch bildet sie ein von diesen getrenntes Objekt. Die Perspektive wirkt in ihrer Fokusverschiebung so entsubjektivierend (Psyche, Über-Ich, Gewissen), ohne objektivierend (Institution, Gesetz, Regel, Polizei) zu sein." Adamczak, *Beziehungsweise Revolution*, 2017, S. 251

denen sich die für das Kuratorische geltenden Regeln und Kodizes abgeleitet haben, aus der Kontingenz und Verstrickung aller Beteiligten heraus in ihrer Herausbildung zu verstehen. Anstatt als vorgängig zu den kuratorischen Verhältnissen zu gelten, werden sie deutlich als deren – kontinuierlich veränderlicher – Teil. **131**] Im Sinne eines „reworking the interrelations among different differences" **132**] ist die Transposition des Weiteren eine Methode, die eine kritische Auseinandersetzung mit bestehenden Grenzziehungen und Differenzierungen ermöglicht. Wenn im aktuellen posthumanistischen Diskurs vor allem solche Unterscheidungen im Vordergrund stehen, die sich auf Geschlecht, Rasse, Nation und Ökologie beziehen, bieten sich hier direkte Anknüpfungsmöglichkeiten für die Befragung der Bedingungen und der Geschichte, mit denen und durch die die Mitwirkenden an einer kuratorischen Konstellation beteiligt sind. **133**] Mit dem Fokus auf Relationen bringt die Transposition als Prozess und Methode zudem gängige Vorstellungen von kuratorischer Subjektivierung und Objektivierung ins Wanken, die auch die Zuordnung von Aufgaben, Verantwortung und Macht komplexer, da temporär und verteilbar auf Viele gestaltet. **134**] Sie unterstützt nomadische Subjektivität und lässt die im Kuratorischen anfallenden Prozesse in Abgrenzung von der traditionell auf Individuen beschränkten Tätigkeit erweitert im

135] In der gemeinsamen Betrachtung der beiden gegensätzlich erscheinenden Praktiken des Kuratierens und des Commoning diskutiert Magda Tyżlik-Carver unter der Perspektive des Posthumanen die für beide Konzepte im Verhältnis zueinander wesentlichen Eigenschaften. Tyżlik-Carver, *Curating in/as commons – Posthuman curating of computational cultures*, 2016.

136] Adamczak, *Beziehungsweise Revolution*, 2017, S. 251. Stefan Nowotny und Gerald Raunig verstehen instituierende Praktiken nicht als gegen die Institution gerichtet, sondern sind interessiert an einer Neubewertung des Verhältnisses von Konstitution und Institution, von Prozessen der Machtkonstituierung und dem Modus des Instituierens. Vgl. Nowotny, Raunig, Instituierende Praxen – Bruchlinien der Institutionskritik, in: *transversal texts*, 4/2016, S. 12–15.

137] Steyerl, „Die Sprache der Dinge", in: *transversal texts*, 6/2006.

138] Zu einem Übersetzungs-Verständnis im Sinne von Sorge vgl. Querrien, „Übersetzen, verschieben, pflegen, erschaffen. Eine minoritäre Tätigkeit", in: *transversal texts*, 11/2006.

139] Transposition als Forschungsmethode benennt Braidotti, „Transposing Life", 2012, S. 74 damit, dass „it allows us to leap from discursive code to another, re-telling, re-configuring, and re-visiting the concept, phenomenon or event one is analyzing, as if from different locations." Und schließlich kann die kuratorische Transposition auch als forschende Bewegung verstanden werden. Schwab, „Introduction", in: ders. (Hg.), *Transpositions*, 2018, S. 15 schreibt über Hans-Jörg Rheinberger, das für ihn „all forms of scientific practice rely on transpositions". Zu diesem transpositionalen Forschungsverständnis siehe auch den Beitrag von Rheinberger im selben Band, „Transpositions: From Traces through Data to Models and Simulations", a.a.O., S. 215–224.

Kontext eines „commoning“, von Prozess und Arbeit denken, die auf das Werden von „commons“ gerichtet sind. 135] Mit einem Verständnis von Institutionen als „verfestigte oder verdinglichte, kodifizierte, materialisierte und ritualisierte Beziehungsweisen“ ist die Transposition eine Voraussetzung für instituierende Praktiken, die auf die Prozesse der Konstitution von Macht im Verhältnis zum Modus des Instituierens gerichtet sind. 136] Durch sie können „Modelle zukünftiger Formen von Verbindungen“ zur Darstellung kommen, die, mit Hito Steyerl, Resultate eines auf Anerkennung setzenden Umgangs mit der Sprache der Dinge sind und in denen die konventionellen Hierarchien, Zuschreibungen und Abhängigkeiten im Bereich des Kuratorischen ebenso zur Disposition stehen wie die Bindungen an neoliberale Wissens- und Affektökonomien. 137]

Nicht zuletzt verweisen die divergierenden, kreuz und quer verlaufenden Bewegungsrichtungen nachdrücklich darauf, dass es sich um wechselseitige Orientierungen handelt, um Momente des Aufeinanderzugehens in der Übersetzung, durch die die Sorge in der kuratorischen Transposition nachdrücklich zum Tragen kommen kann. 138] Eine spezifische experimentelle Ausprägung verdankt die transpositorische „Forschungsmethode“ 139] schließlich der kuratorischen Doppelorientierung der transpositorischen Bewegungen. In der Versamm-

lung einerseits und dem an eine Öffentlichkeit gerichteten Aus-Sich-Herausstellen andererseits befragen sich die prozessierten Relationen im Licht der Öffentlichkeit auf ihre Effekte: Im Werden begriffene Versuchsanordnungen, die sich im Bewusstsein der eigenen Vergänglichkeit im Moment des Sich-Zeigens überprüfen, um niemals mehr ganz ohne die Spuren dieser Überprüfung in gewandelter Weise fortzubestehen.

GASTFREUNDSCHAFT
Die Ambivalenzen der Großzügigkeit

Eine kuratorische Situation ist stets eine der Gastfreundschaft: Sie impliziert Einladungen – an Künstler*innen, Kunstwerke und Artefakte, an Kurator*innen, Gestalter*innen, Kritiker*-innen, an einzelne Besucher*innen und unterschiedliche Publikumskreise, an Institutionen. Sie empfängt, heißt willkommen, und bringt für einen begrenzten Zeitraum Menschen und Dinge zusammen, von denen ein erheblicher Teil – im Sinne von Gästen – ihren angestammten Zusammenhang verlassen haben und sich im Prozess der Neuverortung befinden. Da alle einander entsprechend unvertraut sind, bietet die kuratorische Situation den Beteiligten sowohl Raum als auch Zeit für die Begegnung an, unabhängig davon, ob sie auf gegenseitiges multilaterales Kennenlernen, Austausch und Annäherungen oder aber auf Differenzierung und Abgrenzung ausgerichtet ist. Darüber hinaus stellt sie Mittel für die Befriedigung von Bedürfnissen ganz unterschiedlicher Art zur Verfügung, offeriert sie doch Formen materieller und leiblicher Fürsorge ebenso wie sie auf Anforderungen nach Anerkennung, Respekt oder Aufmerksamkeit reagiert. Ganz wesentlich schließlich operiert sie mit der dem Denken von Gastfreundschaft innewohnenden Aporie zwischen Unbedingtheit und gesetzlich regulierter

140] Angesprochen ist damit auf Jacques Derridas für die kritische Auseinandersetzung mit Gastfreundschaft zentrale Unterscheidung zwischen absoluter, unbedingter Gastfreundschaft und gesetzlich bedingter Gastfreundschaft, vgl. Derrida, *Von der Gastfreundschaft*, 2001 sowie Derrida, Dufourmantelle, *Of Hospitality. Anne Dufourmantelle invites Jacques Derrida to respond*, 2000. Mit den folgenden Überlegungen setze ich die Auseinandersetzung mit Gastfreundschaft im kuratorischen Kontext fort, die, ausgehend von der Tagung „Hospitality – Hosting Relations in Exhibitions" (Hochschule für Grafik und Buchkunst Leipzig 2012), in die gleichnamige Publikation einging, siehe Bismarck, Meyer-Krahmer (Hg.), *Hospitality: Hosting Relations in Exhibitions*, 2016.

Bedingtheit, zwischen der bedingungslosen Öffnung gegenüber und Aufnahme von allen und allem, die unterwegs und an der gastfreundlichen Aufnahme interessiert sind oder ihrer bedürfen einerseits – und den Ausgrenzungen und Ausschlüssen, die sich durch im Feld gesetzte Regeln legitimieren andererseits. **140**]

Der Begriff der Gastfreundschaft beschreibt damit die Voraussetzungen und Bedingungen, unter denen sich die Herstellung, Ausformulierung und Veränderung der kuratorischen Verhältnisse vollzieht. Mit dieser Perspektive kann Gastfreundschaft als das Dispositiv gelten, innerhalb dessen die kuratorische Konstellation ihre jeweilige Bedeutung gewinnt. In diesem (immanent ethisch bestimmten) Dispositiv zeichnen sich die ästhetischen, sozialen, politischen und ökonomischen Kraftlinien ab, die die kuratorische Konstellation durchziehen und die für die Ausprägung und Auswirkungen der Beziehungen verantwortlich sind. Die Art und Weise, mit der kuratorische Gastfreundschaft ausgetragen wird, mit der die Momente von Einladung, Begegnung, Offerte und Sorge zusammenspielen, entscheidet über die Ausrichtung, mit der die Verhältnisse unter den Mitwirkenden neu geschaffen, ausgestaltet, verändert oder verschoben werden. Hier zeichnet sich das Netz ab, das das Dispositiv in der Definition Foucaults zwischen den unterschiedlichen Elementen, den „Diskursen, Institutionen, archi-

141] Foucault, „Das Spiel des Michel Foucault" (Gespräch), in: ders., *Schriften in vier Bänden*, III, 2003, S. 391–429, hier S. 392.

142] Vgl. in diesem Sinne auch Agambens knappe Zusammenfassung der für ihn wesentlichen Eigenschaften von Foucaults Dispositiv-Konzept, in der er den Netz-Charakter, die strategische Funktion und die Verschränkung von Macht- und Wissensverhältnisse hervorhebt, Agamben, *Was ist ein Dispositiv*, 2008, S. 9.

143] Deleuze, „Was ist ein Dispositiv?", in: Ewald, Waldenfels (Hg.), *Spiele der Wahrheit. Michel Foucaults Denken*, 1991, S. 153–162, hier S. 159.

144] Eine vielseitig perspektivierte Auseinandersetzung mit dem Verhältnis von Mobilität und Gastfreundschaft ist publiziert in Germann Molz, Gibson (Hg.), *Mobilizing Hospitality: The Ethics of Social Relations in a Mobile World*, 2007.

tektonischen Einrichtungen, reglementierenden Entscheidungen, Gesetzen, administrativen Maßnahmen, wissenschaftlichen Aussagen, philosophischen, moralischen und philanthropischen Lehrsätzen" herstellen kann.[141] In dieser Zusammensetzung ist es eingebunden in ineinander verschränkte Macht- und Wissensverhältnisse, auf deren Funktion es seinerseits gestaltend einwirken kann.[142] Zu seinen besonderen Eigenschaften zählt daher, so betont Deleuze in der Auseinandersetzung mit Foucault, dass das Dispositiv in der Lage ist, sich selbst zu transformieren und zu aktualisieren. Die Zweiteilung, mit der es der Geschichte verpflichtet und zugleich auch im Prozess des Anders-Werdens begriffen ist, ist für ihn das entscheidende Merkmal.[143] Im Kontext des Kuratorischen erlaubt das Gastfreundschaftsdispositiv die Bedingungen des Zusammenkommens im Öffentlichen in ihren Effekten und Dynamiken nachzuvollziehen. Zudem öffnet es den Blick sowohl auf die Potentiale als auch auf die Beschränkungen, die die kuratorischen Verhältnisse in ihrer Genese, Ausgestaltung und Dynamik bestimmen.

Dass die Konditionen von Gastfreundschaft globalgesellschaftliche Relevanz angenommen haben, ist nicht erst mit den aktuellen weltweiten Flüchtlings- und Migrationsbewegungen offensichtlich geworden.[144] Fragen nach Fremdheit/Fremd-sein, Behausung und Beheimatung

145] Derrida, *Von der Gastfreundschaft,* 2001, besonders S. 26–27, 57.

146] Das Changieren der Rollen und Positionen innerhalb von Gastfreundschaftsverhältnissen gründet nicht zuletzt in der etymologischen Herleitung von dem lateinischen Begriff hospes, der zugleich „Gast", „Gastgeber" und „Fremd" meint. Die Prozesse des Bestreitens und des Außerkraftsetzens der Subjektpositionen von „Gastgeber" und „Gast" bezeichnet Dan Bulley als notwendige Konsequenz der Machtverhältnisse, die mit der Praxis von Gastfreundschaft untrennbar verbunden sind. Vgl. Bulley, *Migration, Ethics and Power,* 2017, S. 5.

147] Der zentrale Aspekt der Legitimationskrise von Museen und Ausstellungshäusern im 21. Jahrhundert ist in dem Verständnis ihres öffentlichen Auftrags zu sehen, der Adressierung und Einbindung unterschiedlicher Publikumskreise generell und der Berücksichtigung von Diversität mit Blick auf Geschlecht, Rasse, Religion, Nation und lokaler Gemeinschaft in Sammlungen und deren Präsentation im Besonderen. Vgl. dazu die aktuelle Debatte um eine aktualisierte Definition des Museums im ICOM (International Council of Museums), https://icom.museum/en/resources/standards-guidelines/museum-definition/. Vgl. zu aktuellen Beiträgen zum ersten Teil der genannten Diskussion Marincola, Storr (Hg.), *Curating Now: Imaginative Practice/Public Responsibility,* 2001; Bishop, *Radical museology: or, what's ‚contemporary' in museums of contemporary art?,* 2013; Bismarck, Munder, Schneemann (Hg.), *Now Tomorrow Flux. An Anthology on the Museum of Contemporary Art,* 2017; Sternfeld, *Das radikaldemokratische Museum,* 2018. Zum zweiten oben genannten Diskursfeld vgl. Chambers, u.a. (Hg.), *The Postcolonial Museum. The Arts of Memory and the Pressure of History,* 2014; Savoy, *Die Provenienz der Kultur,* in: Fröhliche Wissenschaft, 135, 2018 sowie Sarr, Savoy, *Zurückgeben: über die Restitution afrikanischer Kunst,* 2019.

stellen sich seit der zunehmenden Mobilisierung von Menschen, aber auch von Objekten und Informationen, wie sie durch die Transporttechnik und Digitalisierung ermöglicht wurden ebenso wie solche nach Rechten, Pflichten, Verantwortung und Schutz. Was auf ersten Blick noch in klare Verhältnisse des Gast-Gebens und Gast-Seins aufteilbar scheint, verliert im Zuge der Beweglichkeiten an Verbindlichkeit und vorgezeichneter Zuordenbarkeit. Sowohl die Bedingungen, unter denen Gastfreundschaft gewährt wird, als auch die Rollen und Aufgaben, die dafür übernommen werden können oder müssen, stehen dabei auf dem Prüfstand. In diesem Kontext gewinnt die Forderung nach „unbedingter Gastfreundschaft" **145**] nochmals nachdrücklich an Gewicht, aber auch der Zweifel an Positionen, die in Gastfreundschaftsverhältnissen eingenommen werden können und von denen aus über diese Verhältnisse bestimmt wird. **146**] Gesichertheit und Anspruch dieser Positionen stehen gleichermaßen unter Legitimationsdruck.

Im Kuratorischen, in der Krise, die das Museums- und Ausstellungswesen in seinem Öffentlichkeitsverhältnis seit dem ausgehenden 20. Jahrhundert durchläuft, spiegeln sich diese veränderten ökonomischen, sozialen und politischen Anforderungen an Gastfreundschaft. **147**] Neue Mobilisierungsmöglichkeiten erlauben die weltweite Versendung von Kunstwerken

148] Zur weltweiten Biennalisierung vgl. Eilat, u.a. (Hg.), *Making Biennials in Contemporary Times. Essays from the World Biennial Forum no 2*, 2015; zur Einbindung der Entwicklung in ökonomische und identitätsbildende Prozesse vgl. Marchart „Ironie der Biennalisierung“, in: *Bildpunkt. Zeitschrift der IG Bildende Kunst*, 2012, sowie ders. „Zehn Thesen zur Globalisierung der Kunst anhand der ‚Biennalen des Widerstands‘“, in: *Paragrana*, 26, 2017, S. 94–99.

und Artefakten zu Zwecken der Präsentation. Sie gehen einher sowohl mit einer gesteigerten Reisetätigkeit der mit ihnen verbundenen Akteur*innen als auch mit gewandelten Möglichkeiten und Verfahren der Vermarktung und des Sammelns. Die intensivierte internationale Ausstellungstätigkeit, wie sie mit besonderer Prägnanz in der Biennalisierung **148**] zum Ausdruck kommt, ist Teil dieser Entwicklung, mit der im Kunstfeld Menschen und Dinge in eine (neue) Rast- und Ortlosigkeit versetzt werden. Als Anreiz und Bedrohung zugleich schwingt in dieser Dynamik letztlich die Frage nach der aktuellen gesellschaftlichen Verortung, Rechtfertigung und adäquaten Aufgabenstellung sammelnder und ausstellender Einrichtungen mit. Sie dringen auf eine Neudefinition von Vermittlung, Zugänglichkeit, Sorgfalt(spflicht) und Teilhabe. Denn in den globalisierten, sich kontinuierlich neu ausrichtenden kuratorischen Konstellationen treten die Herausforderungen an einen Austausch im Medium der Ausstellung besonders offensichtlich in Erscheinung – Herausforderungen auf semantischer und ästhetischer ebenso wie auf sozialer, ökonomischer und politischer Ebene. Für wen oder was, so stellt sich die Frage, erfolgt unter diesen Bedingungen, die den kuratorischen Effekt der Dekontextualisierung zusätzlich vervielfachen und komplexer gestalten, das (für die kuratorische Situation kennzeichnende) Zusammenkommen im

149] In diesem Sinne definiert Irmtraud Hnilica das Verständnis von Essen bei Wolfgang Braungart und Sascha Monhoff, „‚Wir sind nur Gast auf Erden'. Symbolon, Symbol und die Theo-Poetik der Gastlichkeit", in: Friedrich, Parr (Hg.), *Gastlichkeit. Erkundungen einer Schwellensituation,* 2009, S. 89–102. Vgl. Hnilica, „Von Mäusen und Männern", Rezension von Friedrich, Parr (Hg.): *Gastlichkeit. Erkundungen einer Schwellensituation,* 2009.

150] Vgl. etwa *Il dono: Offerta, ospidailtà, insidia/The Gift: Generous Offerings, Threatening Hospitality,* Palazzo delle Papese, Centro Arte Contemporanea, Siena, 2. Juni – 23. September, 2001; *Plato's Table: Hospitality and Participatory Practice,* Symposium, 14. April 2008, The Drill Hall, Collective Gallery, Edinburgh, Mitwirkende waren u.a. Phil Collins, Charles Esche, Gob Squad, Simon Sheikh; *The Unexpected Guest,* 7. Liverpool Biennale 15. September – 25. November 2012, kuratiert von Lorenzo Fusi, 2012; *Feast: Radical Hospitality in Contemporary Art,* 16. Februar – 10. Juni 2012, Smart Museum Chicago, kuratiert von Stephanie Smith; *Host & Guest,* Tel Aviv Museum of Art, Tel Aviv, 2. Mai – 30. Juni 2013, kuratiert von Steven Henry Madoff. Nicht nur die Ambivalenz der Gabe in der darin angelegten sozialen Forderung nach Reziprozität, sondern auch die konsumistische Rezeption von gastlicher Bewirtung wird in dem Kontext dieser Projekte befragt, nicht selten aber auch affirmativ zum Einsatz gebracht.

151] Zu Charles Esches auf Gastfreundschaft ausgerichteter Museumspraxis im Sinne des New Institutionalism vgl. etwa Esche, „Temporariness, Possibility and Institutional Change", in: Sheikh (Hg.), *In the Place of the Public Sphere?,* 2005, S. 122–141, bes. S. 124–25; Farquharson, „Institutional Mores", in: ONCURATING.org, 21: (New) Institution(alism), 2013, S. 55–59, hier S. 57.

Öffentlichen? Welches sind die Prämissen, Bedingungen und Interessen dafür, willkommen zu heißen, Begegnungen zu ermöglichen, Raum und Zeit zur Verfügung zu stellen, Aufenthalt zu gewähren, Zugänglichkeit zu garantieren, Aufmerksamkeit und Anerkennung zu schenken, gast(freundschaft)liche Achtsamkeit walten zu lassen?

Nun hat das Konzept gastfreundschaftlicher Aufnahme in jüngerer Zeit in einer ganzen Reihe von Ausprägungen Eingang in das kuratorische Feld gefunden. So stellen in der Kunst Nahrungsmittel und Essen, als die „Materialisation des Gastseins“,**149**] immer wieder den Aufhänger zu einer sehr wörtlich genommenen Auseinandersetzung mit Gastfreundschaft dar. Vor allem aber nimmt das Thema der Gastfreundschaft einen prominenten Platz im Ausstellungsprogramm der letzten Jahre ein.**150**] Zudem ist etwa Charles Esches in unterschiedlichen Zusammenhängen betontes Engagement für eine migrationssensible Museumspraxis, die Gastfreundschaft als einen Leitgedanken formulierte,**151**] ausgewiesenes institutionelles Beispiel für eine langfristige Strategie zur Ermöglichung gastfreundlicher Situationen jenseits des ad hoc-Reflexes, mit dem Geflüchteten freier Eintritt für Museen und Ausstellungshäuser gewährt wird.

Wenn hier allerdings die Rede vom kuratorischen Gastfreundschaftsdispositiv sein soll, so

geht es dabei weniger um die Thematisierung gastfreundschaftlicher Praktiken oder die Ausübung inkludierender Gesten, sondern, allgemeiner gefasst, um die kuratorischen Verhältnisse, die sich in und durch dieses Dispositiv artikulieren. Dabei rückt das Zusammenwirken gastfreundschaftlicher Bedingungen und Bedingtheiten im Kuratorischen ins Zentrum: die Konventionen, die den Zugang, die Verweildauer von Menschen und Objekten, ihre Bewegungsmöglichkeiten und ihre Verhaltensweisen betreffen; die wissenschaftlichen, künstlerischen und kuratorischen Diskurse zu Generosität, Partizipation und Inklusion; die materiellen Vorgaben, die das kuratorische Zusammenspiel ermöglichen, dirigieren oder beschränken; die gesetzlichen und ethischen Forderungen nach Bewahrung, Schutz, aber auch Freigabe ebenso wie die administrativen, institutionellen und politischen Leitlinien, mit denen Fragen von Zugang und Besitz nicht zuletzt im Sinne von Wirtschaftlichkeit und Repräsentation geregelt werden.

Gastfreundschaft scheint im Bereich des Kuratorischen zunächst grundsätzlich positiv konnotiert. Die einladende Geste an ein möglichst weites, diversifiziertes Publikum ist innerhalb der Strategien fest verankert, mit denen Museen und Ausstellungshäuser, über die ökonomischen Anforderungen hinaus, auf die aus der veränderten gesellschaftlichen Zusammen-

152] Derrida, *Von der Gastfreundschaft*, 2001.

153] Fountoulakis, Previšić, „Gesetz, Politik und Erzählung der Gastlichkeit. Einleitung", in: dies. (Hg.), *Der Gast als Fremder. Narrative Alterität in der Literatur*, 2011, S. 7–27, hier S. 9.

154] Bahr, *Die Sprache des Gastes. Eine Metaethik*, 1994, S. 236, zitiert nach Fountoulakis, Previšić, a.a.O., S. 9.

setzung resultierende Notwendigkeit reagieren, deutlich diversifizierte Publikumskreise anzusprechen. Analog gilt auch der Fähigkeit aus unterschiedlichen historischen Epochen, Kulturkreisen und Regionen stammende Objekte aufnehmen zu können und ein entsprechendes Spektrum von Formen des Umgangs mit ihnen zu entwickeln zu den selbstausgewiesenen Qualitäten der Einrichtungen. Diese Wertschätzung gastfreundlichen Auftretens – das vor allem für eine generöse, die Interessen der zu Gast seienden Publikumskreise, Künstler*innen und Werke berücksichtigende und in diesem Interesse aufgehenden Haltung stehen will, – leitet sich von der Vorstellung unbedingter Gastlichkeit her, wie sie Jacques Derrida in *Von der Gastfreundschaft* gefordert hat. **152**] Hier reaktualisiert sich ein offenes Konzept der Aufnahme aller derjenigen, die unterwegs sind. Verstanden als anthropologisches Grundrecht, hatte es noch bis ins Mittelalter Bestand, obwohl sich bereits lange davor, schon in der Antike, Gesetze herauszubilden begannen, die Gastfreundschaft im Sinne eines Ausländer- und Fremdengesetzes umdefinierten. **153**] Mit diesem zunehmend restriktiven, national geregelten Gastrecht vollzog sich die „Geburt des Fremden“ und damit zugleich die „Verabschieb/dung“ des Gastes. **154**] Dieses dann im Sinne von „Ausgrenzung“ negativ konnotierte Verständnis einer durch Gesetze bedingten Gastfreundschaft

155] Zu dem Spannungsmoment zwischen der räumlichen und zeitlichen Unfixierbarkeit als Voraussetzung des Gastseins und den Versuchen, diese durch Festschreibung, Abwehr oder Ausschluss zu „tilgen“ vgl. Fountoulakis, Previšić, a.a.O., S. 12.

bezieht seine Legitimation vor allem aus der Unverfügbarkeit des Gastes. Angesprochen ist damit die temporäre Gegebenheit des Gastes, der, um Gast zu sein, nur vorübergehend anwesend ist und sein darf. Das Zeitweilige, Flüchtige, Vorübergehende, das den Charakter von Gastlichkeit ausmacht, kennzeichnet den Gast als räumlich und zeitlich unfixierbar. Zugleich gilt für ihn ein Ausnahmezustand, durch den er nicht nur selbst dem Alltagsdasein enthoben ist, sondern durch den er auch andere daraus entheben kann. Es ist dieses Moment des Ungreifbaren, das das Unheimliche in der Begegnung mit dem Gast ausmacht und den Impuls für die regulierenden Kontrollbestrebungen darstellt.**155**]

Entsprechend ist Gastfreundschaft spätestens seit Anbruch der Moderne von Machteffekten durchzogen. Sie bestimmen zunächst grundsätzlich, ob überhaupt und wenn, unter welchen Kriterien und Bedingungen Gastfreundschaft gewährt wird. In der Folge sind sie verantwortlich für die Zuschreibungen von Identität und Status ebenso wie, darin verschränkt, für die Verteilung der auf dem Spiel stehenden Ressourcen. Übertragen auf den kuratorischen Zusammenhang bedeutet das die Festlegung von Rollen, Aufgaben und Funktionen, die sämtliche Mitwirkenden in der gegebenen Situation einnehmen können und die Zuweisung von Räumen im weitesten Sinne.

156] Zu Vorstellungen der Trennung zwischen Außenraum und Museumsraum im späten 20. Jahrhundert vgl. Andreas Huyssen, „Escape from Amnesia: The Museum as Mass Medium", in: ders., *Twilight Memories. Marking Time in a Culture of Amnesia*, 1995, S. 13–35; Groys, „Einführung. Das Museum im Zeitalter der Medien", in: Groys, *Logik der Sammlung. Am Ende des musealen Zeitalters*, 1997, S. 7–24.

157] Vgl. zur Anordnung von Blickverhältnissen in Ausstellungen in der Moderne Tony Bennett, „Der bürgerliche Blick. Das Museum und die Organisation des Sehens", in: Hantelmann, Meister (Hg.), *Die Ausstellung. Politik eines Rituals*, 2010, S. 47–77.

Nicht nur die Verwandlung von einem Objekt zum Kunstwerk oder Displaygegenstand, von einer Person zum/r Besucher* in einer Ausstellung, sondern auch von einer Architektur zum Kunstort vollzieht sich in diesem Kontext. Analog dazu, wie Reisende durch die Gewährung von Gastfreundschaft zu Gästen werden, erfahren diejenigen, die an der kuratorischen Gastlichkeit partizipieren, eine Umdeutung. In dieser Dynamik zeichnen sich wesentliche Parameter ab, die im kuratorischen Gastfreundschaftsdispositiv angelegt sind: die Unterscheidung des der Kunst vorbehaltenen Raums von allen übrigen gesellschaftlichen Räumen, wodurch sich die religiöse Trennung zwischen sakralem und profanem Raum seit der Modern fortsetzt; **156**] Asymmetrien in den Möglichkeiten der Teilhabe; Hierarchien zwischen den einnehmbaren Positionen; Regulierungen räumlicher Distanz und Anordnungen der Blickverhältnisse. **157**] Die Mittel und Verfahren der Verteilung und Festschreibung, die unter den Prämissen der Gastfreundschaft eingesetzt werden, um der Unverfügbarkeit der mobilen, nur transitorisch Anwesenden zu begegnen, setzen die traditionell dem Kuratorischen zugeordneten Tätigkeiten in ein gewandeltes Licht: Auswählen, sammeln, ordnen, bewahren und vermitteln treten nachdrücklicher in ihrer Ambivalenz zwischen Fürsorge und Obhut auf der einen Seite und der Einordnung in bestehende

158] Pierre Bourdieu listet Gastfreundschaft als eine Form symbolischer Gewalt, „der sanften, unsichtbaren, als solche verkannten und gleichermaßen frei gewählten wie aufgezwungenen Gewalt des Glaubens, des Vertrauens, der Verpflichtung, der persönlichen Treue, der Gastfreundschaft, der Geschenke, der Schuld, der Anerkennung, des Mitleids, kurzum all der Tugenden, die die Moral der Ehre honoriert." Bourdieu, *Entwurf einer Theorie der Praxis*, 1979, S. 370. Übertragen auf den institutionellen Kontext diskutiert Sarah Ahmed Gastfreundschaft im Verhältnis zu institutioneller Ausrichtung auf Diversität als eine Form der Re-Etablierung bestehender Positionen und Machtverhältnisse, die auf Integration besteht. Vgl. Ahmed, „Institutional Life", in: dies., *On Being Included. Racism and Diversity in Institutional Life*, 2012, S. 19–50.

159] Helena Reckitt entwickelt die Perspektive, dass kuratorische Arbeit die Anforderungen an stetig gesteigerte Ökonomisierung des Feldes durch eine Verlagerung des Fokus auf die Bedingungen und Möglichkeiten affektiver Arbeit, auf Verbindlichkeit und Freundschaft, unterläuft. Vgl. Reckitt, „Support Acts. Curating, Caring and Social Reproduction", in: *Journal of Curatorial Studies*, 5/1, 2016, S. 6–30.

Wertesysteme und damit der (normalisierenden) Ent-Fremdung auf der anderen Seite in Erscheinung. In Analogie zum gesellschaftspolitischen Kontext exemplifizieren die Akte des Benennens und Identifizierens, der Kategorisierung, Klassifizierung und Bewertung Formen der Unterwerfung unter bestehende Kriterien und Normen und damit die Begründung von Hierarchisierung ebenso wie die von Ausgrenzung. Zugleich vollziehen sie in der Zuschreibung als „Gast" auch immer eine relationale Rückversicherung des Eigenen. **158**]

In diesen Verfahren, sich das Unverfügbare anzueignen, es den eigenen Normen und Regeln entsprechend vertraut zu machen, spielt die Zuschreibung und Annahme von Verantwortung eine zentrale Rolle. Verantwortung für Exponate und Sammlungsgegenstände zu übernehmen grundiert die traditionelle Dienstleistungsorientierung des kuratorischen Berufs und dies zunächst im Interesse von Kunstgegenständen und Artefakten, im erweiterten Sinne dann für Künstler*innen, für Institutionen und ihr Personal, für Besucher*innen, für inhaltliche Setzungen und ganz wesentlich auch für die Arbeitsbedingungen, unter denen nicht nur Kurator*innen und Künstler*innen, sondern auch Vermittler*innen, Gestalter*innen, Organisator*innen oder Wachpersonal an den kuratorischen Verhältnissen teilnehmen. **159**] Im Rekurs auf den Begriff „curare" schreibt die

160] Auf den aporetischen Charakter der Verantwortung spricht Gayatri Chakravorty Spivak an, wenn sie ihrem Text voranstellt: „Responsibility annuls the call to which it seeks to respond", Spivak, „Responsibility", in: *boundary* 2, 21/3, Herbst 1994, S. 19–64, hier S. 19. Zu einem aktuellen Verantwortungsverständnis im Bereich des Kuratorischen, das sich auf das lateinische „curare" beruft, allerdings ohne damit zugleich auch die eigenen Subjekt- und Objekt-Zuschreibungen mit zu reflektieren, vgl. Hernandez-Navarro, „The Curator's Demands. Towards an Ethics of Commitment", in: *MJ manifesta Jounal*, 12, 2012, S. 5–12, hier S. 7: „The only mandate and principle the curator has, which he shouldn't betray, is that of fidelity and respect towards the other. Curatorial ethics therefore comes from an ethical experience of the subject, which is that of responsibility. In a world where responsibility is questioned and has disappeared from the individual sphere, curators have the single duty of being responsible individuals. That is why curating is an ethical profession, because, from the very etymology of the term, its task is to take care and be in charge of things, ‚to be responsible for' things."

161] Vgl. Derrida, Dufourmantelle, *Of Hospitality. Anne Dufourmantelle invites Jacques Derrida to respond*, 2000, S. 25.

162] Vgl. etwa Adloff, Mau (Hg.), *Vom Geben und Nehmen. Zur Soziologie der Reziprozität*, 2005. Ich danke Benjamin Meyer-Krahmer für den Hinweis auf die Erweiterung des Gastfreundschaftskonzepts auf das Denken als solches bei Anne Dufourmantelle, vgl. Dufourmantelle, „Hospitality: Under Compassion and Violence", in: Claviez (Hg.), *The Conditions of Hospitality. Ethics, Politics, and Aesthetics on the Threshold of the Possible*, 2013, S. 13–23.

Berufung auf Verantwortung Zuständigkeiten fest, die zwar einerseits Schutz, Respekt, Anerkennung und Unterstützung offerieren, anderseits aber auch Kontrolle ausüben und über den Status und die entsprechende Mitsprache bzw. Sprachlosigkeit der Verantworteten bestimmen. **160**]

Verwoben in diese Kräfteverhältnisse erfolgt auch die Verteilung der für Gastfreundschaftsverhältnisse zentralen Ressource Raum. **161**] Einen Raum zur Verfügung zu haben, Platz nehmen und geben zu können bezieht sich zunächst auf einen physisches Ort, der im Kontext des Kuratorischen den öffentlichen Raum ebenso meinen kann wie den kunstinstitutionellen. Darüber hinaus und deutlich weitreichender aber ist mit „Raum" im Kontext von Gastfreundschaft die Offenheit gegenüber dem Gast angesprochen, die den ästhetischen, sozialen, psychischen und politischen Handlungsbereich und ganz grundsätzlich denjenigen des Denkens mit einschließt. **162**] Dem Gast Raum zu geben entscheidet über die qualitative und quantitative Verteilung derjenigen anderen Mittel, die, – wie Zeit, Finanzen, Materialien oder Aufmerksamkeit, – für den temporären Aufenthalt erforderlich sind und die das In-Erscheinung-Treten der Gäste mit den daraus resultierenden Formen von Begegnung, Austausch und Vermittlung aller an der kuratorischen Situation Beteiligten untereinander ermöglichen.

163] Vgl. Mauss, *Die Gabe. Form und Funktion des Austauschs in archaischen Gesellschaften*, 1968.

164] Vgl. diese Auslegung des Begriffs der Gabe im soziologischen Kontext bei Adloff, Mau, „Zur Theorie der Gabe und Reziprozität. Einleitung", in: dies., *Vom Geben und Nehmen. Zur Soziologie der Reziprozität*, 2005, S. 9–59.

165] Vgl. Busch, *Geschicktes Geben*, 2004, S. 9–10. In der Auseinandersetzung mit der Gabe, übertragen auf den Bereich der bildenden Kunst, fragt Kathrin Busch „wie sich der Anspruch des Anderen, auf den die Gabe antwortet, im Register des Visuellen bemerkbar macht." Sie geht dabei davon aus, dass es nicht nur eine Gabe der Sprache, sondern auch eine Gabe der Sichtbarkeit gibt und will zeigen, dass sich das Sehen einer ihm zuvorkommenden Gabe des Sichtbaren verdankt. „Auch die Wahrnehmung, so wäre zu formulieren, beruht in einer ‚Wahrgebung'."

Aus welcher Position heraus diese Verteilung erfolgt, wer sie annehmen oder ablehnen kann, wem sie zu Gute kommt oder schadet und welche Gewinne für die jeweils an der kuratorischen Gastfreundschaft Mitwirkenden auf dem Spiel stehen – das sind Fragen, die ihre Bedeutung entlang der paradoxen Logik der Gabe entfalten. In dem Maße, in dem das Denken der Gabe in der anthropologischen und soziologischen Tradition an Reziprozität gebunden ist, sieht sich auch die gastliche Offenheit gegenüber dem Gast in ein Ausgleichsverhältnis gestellt. **163**] Raum zu geben stellt in dem Sinne eine soziale Verbindlichkeit her, die sich in einem durch Regeln definierten gegenseitigen Austausch manifestiert. **164**]

Dass die kuratorischen Verhältnisse sich im Interesse ihrer öffentlichen Wahrnehmbarkeit formulieren, kennzeichnet mit Blick auf die Gabe den wesentlichen Einsatz, der im Gastfreundschaftsdispositiv geregelt wird. Die kuratorische Versammlung erlaubt, füreinander in Erscheinung zu treten. Gegeben werden Möglichkeiten des gegenseitigen Wahrnehmens, erst durch sie konstituiert sich das Zusammenkommen aller (menschlichen und nicht-menschlichen) Beteiligten als ein kuratorisches. Eine besondere Art der „Wahrgebung" also, um für das Kuratorische einen Begriff aufzunehmen, den Kathrin Busch für das Denken der Gabe im Register des Visuellen geprägt hat. **165**] Das

166] Vgl. Busch, „Gegeben sei: das Unsichtbare. Zur Anökonomie des Bildes“, in: Alloa, Falk (Hg.), *BildÖkonomie. Haushalten mit Sichtbarkeiten*, 2013, S. 371–393.

167] Bourdieu, „Die Ökonomie symbolischer Güter“, in: ders., *Kunst und Kultur*, 2011, S. 187–223.

„unstillbare Blickbegehren“, das Busch in der Beschäftigung mit der Gabe für das Bild ausmacht und das in ihren Worten die „Symmetrie zwischen Werk und Betrachter aus dem Gleichgewicht bringt“[166] kennzeichnet, multilateral ausgelegt, auch die Relationen, die im Kuratorischen entstehen. Das nicht allein von Werk und Betrachter*in, sondern von sämtlichen Beteiligten geteilte Begehren ist dabei auf die Effekte gerichtet, die mit Sichtbarkeit in Form von Präsenz, Vermittlung und Austausch, Zugänglichkeit und Teilhabe verbunden sind. An sie gekoppelt sind aber auch Erwartungen von Publizität und Verbreitung, Evaluierung, Aufwertung und Anerkennung. Als Teil einer (zumeist verschleierten) „Ökonomie symbolischer Güter“[167] verweist die Funktionalisierbarkeit dieser Gabe, die in der Ermöglichung gegenseitigen Wahrnehmens besteht, darauf, dass die Exponate, die Displaymittel und die Orte durch sie valorisiert werden.

Darüber hinaus birgt die Situation der Gastfreundschaft aber auch für Gastgeber*innen Möglichkeiten, nicht nur Existenz und (Über-) Leben, Respekt und Anerkennung der zu Gast seienden Menschen und Dinge zu garantieren, sondern auch sich selbst sozial und finanziell zu stabilisieren, Ansehen und Status zu gewinnen. Einladungen auszusprechen und das eigene Haus für die Begegnung zur Verfügung zu stellen, stellt für Kurator*innen, Künstler*innen,

168] Zur Definition symbolischen Kapitals vgl. Bourdieu, *Sozialer Sinn*, 1987, S. 205– 221. Torsten Voß zieht in seiner Auseinandersetzung mit dem Gastmahl das Fazit, dass es bei einer Einladung letztlich immer auch um Gewinne gehe, „sei es Anerkennung, Selbstbestätigung oder auch Rache durch arglistige Täuschung des Gastes." Vgl. Voß, „Das Gastmahl und die Rezepte der Rache. Inszenierungsformen eines Missbrauchs der Gastfreundschaft bei Seneca, Shakespeare und Felix Dahn", in: Friedrich, Parr (Hg.), *Gastlichkeit*, 2009, S. 215–237.

Kunstinstitutionen oder lokale Gemeinschaften gleichermaßen ein wirkungsvolles Mittel zur Steigerung des eigenen Prestiges und Attraktionswertes dar. In einer gewissen Gegenseitigkeit kann wiederum das Annehmen oder Ablehnen einer Einladung und die jeweilige Ausformulierung des eigenen Zu-Gast-Seins für Künstler*innen, freie Kurator*innen, Repräsentant*innen von Kunstinstitutionen oder kulturellen Gemeinschaften ebenso wie für unterschiedliche Publikumskreise den Erwerb sozialen, ökonomischen, kulturellen und – ganz wesentlich – auch symbolischen Kapitals zur Folge haben. **168**] Sichtbarkeit – genauer: eine andere Sichtbarkeit – ist das Gut, das im kuratorischen Gastfreundschaftsdispositiv auf dem Spiel steht. In seinem Interesse erfolgen die Zuschreibungen von Bedeutung, Rollen und Aufgaben zusammen mit der Zuteilung, aber auch Inanspruchnahme von Raum, Zeit und Finanzen.

Vor diesem Hintergrund noch einmal ein Blick auf die Widersprüchlichkeit der immanent ethischen Dimension, die mit dem Dispositiv kuratorischer Gastfreundschaft angesprochen ist: Die Aufforderung zu einem inkludierenden, generösen und verantwortungsvollen Verfahren ist mit den daran geknüpften Asymmetrien erzeugenden Effekten zugleich zutiefst ambivalent, und dies aus politischer Perspektive ebenso wie aus sozialer und ökonomischer. Sowohl die ungleichen Voraussetzungen und Einsätze

169] In diesem Sinne versteht Maria Ouig de la Bellasca die Sorge als eine Form, am Werden der Dinge teilzuhaben. Sie dringt in dem Zusammenhang darauf, eine einfache, nicht-situative Kategorisierung von Sorge zu vermeiden und unterstreicht ihr transformatives Ethos. Vgl. „Ein Gefüge vernachlässigter ‚Dinge'", in: Bärtsch, u.a. (Hg.), *Ökologien der Sorge*, 2017, S. 137–188, hier S. 181.

aller Beteiligten im Verhältnis zueinander als auch die Maßnahmen, die Unverfügbarkeit des Gastes zu regulieren, zu rahmen, sie sich anzueignen und eben doch verfügbar zu machen, riskieren in der Logik der Gastfreundschaft zudem beständig, hinter der ethischen Anrufung unkenntlich zu werden. Allerdings geraten die Ambivalenzeffekte durch die Instabilität, die der vorübergehende Status des Gastes und des Gastgebers erzeugt, auch nie ganz aus dem Blick. Sie erinnern dadurch an die Veränderbarkeit der Konditionen im Gastfreundschaftsdispositiv. Das Oszillieren zwischen Festschreibung und Unfixierbarkeit versetzt sämtliche an der Gastfreundschaftssituation Beteiligten in Prozesse, in deren Verlauf Aufgaben, Positionen, Rahmen und Profile relational, dynamisch und mit wechselnden Zuordnungen definiert werden können. Das kuratorische Sorgen ist damit nicht als eine ethische Anwendung, sondern vielmehr als situatives, transformatives Ethos zu verstehen. **169**] Ein gegenseitiges Sich-Zu-Gast-Werden ist das Potential, das den kuratorischen Gastfreundschaftsverhältnissen eingeschrieben ist.

Mit dieser Unabgeschlossenheit können weder Hierarchien und Abhängigkeiten zwischen den Beteiligten – Kurator*innen, Künstler*innen, Museumsdirektor*innen, Besucher*-innen, Sammler*innen oder Förder*innen, Exponaten, Displaymedien, Orten oder Diskur-

sen – als feststehend gelten, noch die Aufgaben und Funktionen, die unter den einzelnen Positionen verteilt werden können. Wie Gäste in die Rollen von Gastgeber*innen kommen können, so können auch Kunstwerke als Gastgeber fungieren, können Gaben ihren Objekt-Status in den von Subjekten verwandeln, und können Räume, im Sinne einer sich relational verwandelnden Schwellensituation, immer wieder andere Relationen von Innen und Außen definieren. Die Verhältnisse der gegenseitigen Wahrnehmung, der Produktion, der Rezeption sowie der Distribution der auf dem Spiel stehenden Güter gestalten sich unter der Prämisse der Unverfügbarkeit des Gastes kontinuierlich neu. Kunstwerke, Artfakte, Displaygegenstände, Orte, Räume, Diskurse, Informationen, bleiben in den Rollen, die sie innerhalb der Gastfreundschaftsverhältnisse annehmen, in Status, Aufgabe und Funktion nur temporär bestimmbar.

Nicht Identitäten stehen also im Fokus, wenn es um das kuratorische Dispositiv der Gastfreundschaft geht, sondern Prozesse: Die Art und Weise, in der jemand oder etwas zu Gastgeber*in oder Gast geworden ist, wird und in dieser Rolle agiert, die Konditionen, unter denen sich das gastfreundschaftliche Verhältnis als ein sich aus der Geschichte heraus in die Gegenwart kontinuierlich veränderndes, veränderbares und entsprechend immer wieder neu aufgeführtes gestaltet. Die Situation der Gast-

170] Mireille Rosello fasst Paul Gilroys Konzept einer als „conviviality" gefassten Gastfreundschaft – begrenzt auf menschliche Akteur*innen – in diesem Sinne zusammen, vgl. Rosello, „Conviviality and Pilgrimage: Hospitality as Interruptive Practice", in: Claviez (Hg.), *The Conditions of Hospitality*, 2013, S. 127–144, hier S. 132–33.

freundschaft tritt damit nachdrücklich als verzeitlichte in Erscheinung. Über die kontinuierliche relationale Neuformulierung der temporären Beziehungen der involvierten Akteur*-innen und Aktanten untereinander vollziehen sich Prozesse der Subjektivierung und Objektivierung, der Artikulation von Besitz- und Zugangsansprüchen, der Raum- und Grenzformationen, die wiederum über die unterschiedlichen Partizipationsmöglichkeiten und -weisen entscheiden. Sie erlauben nicht eine einzelne Szene, sondern Momente von Gastfreundschaft, die mehrfach ausgetragen werden können, und dies „at many different levels, among a multitude of actors whose position of power and powerlessness is not only relative but also disconnected from their identity."**170**] Auf der Basis einer solchen Prozessualisierung können die Praktiken, Werkzeuge und Positionen immer wieder aufs Neue verteilt werden und für die Formation der Verhältnisse eingesetzt werden. Aktivitäten wie jemanden oder etwas willkommen zu heißen, Platz zu nehmen oder Schutz zu geben sind weder in ihren Implikationen und ihrer Ausrichtung eindeutig definiert, noch sind sie fest, zeitlos oder individuell attribuiert; sie können relational von Vielen und Unterschiedlichen übernommen werden. In der Konsequenz verlieren damit auch die im Kuratorischen vorgenommenen Verknüpfungen ihre dauerhafte Verbindlichkeit, die Herstellung und

171] Für ein solches Verständnis von Gastfreundschaft siehe Alexander Honold, „Im Gasthaus. Spielräume der Gast-Wirtschaft zwischen Theologie und Ökonomie", in: Friedrich, Parr (Hg.), *Gastlichkeit*, 2009, S. 133–156. Zur gesellschaftspolitischen Dimension kultureller Praktiken, die die Übergangszone zur Neuartikulation bestehender ästhetischer, sozialer und politischer Verhältnisse nutzen, siehe auch Bismarck (Hg.), *Grenzbespielungen. Visuelle Politik in der Übergangszone*, 2005.

172] Den Begriff prägte Mary Louise Pratt mit „Arts of the Contact Zone", in: *Profession*, 1991, S. 33–40 und ausführlicher in *Imperial Eyes: Travel Writing and Transculturation*, 1992. An dieses Konzept knüpfte James Clifford mit seinem viel zitierten Text „Museums as Contact Zones" an, in: ders.: *Routes*, 1997, S. 188–219. Zu der Problematik, dass in der musealen Praxis, trotz der intensiven Auseinandersetzung mit dem Konzept der „Kontaktzone" und der Implementierung von Programmen der Inklusion und Kollaboration, dennoch das Weiterbestehen neokolonialer Asymmetrien ausgeblendet wird, vgl. Boast, „Neocolonial Collaboration: Museum as Contact Zone Revisited", in: *Museum Anthropology*, 34/1, Frühjahr 2011, S. 56–70.

Formation der Verhältnisse erfolgt vielfältig und wiederholt von unterschiedlichen Seiten aus. Bedeutungsstiftung vollzieht sich kollektiv, welche Bedeutung der Mitwirkenden im Vordergrund steht und sich zu einem Narrativ verdichtet, das entscheidet sich ebenso vorübergehend und situativ wie die Ausformulierung der Subjektpositionen von „Künstler*in", „Kurator*in" oder „Vermittler*in".

Dem entspricht ein räumliches Verständnis kuratorischer Gastfreundschaftlichkeit im Sinne einer Schwellensituation, die aufgrund bestimmter dort möglicher Freiheiten erlaubt, dass Rollen und Funktionen des Gastgebens und des Zu-Gast-Seins changieren und sich die Umrisse kontinuierlich verändern.[171] Deren prozessuale Binnenstruktur ist entlang der postkolonial geprägten Vorstellung von der „Kontaktzone" zu denken,[172] die Prozesse der ent-fremdenden Begegnung ebenso austrägt, wie solche, die Vertraut-Geglaubtes und Assimiliertes im Sinne eines *ex-ponere* aus sich herausstellen. In dem kontinuierlichen Wechsel zwischen Abgrenzung und Öffnung setzt ein so bestimmter Raum die verschiedenen Bedingungen der benachbarten Räume in ein Verhältnis zu einander, wandelt im relationalen Abgleich mit diesen Räumen aber auch seine eigenen Funktionen, Gesetzmäßigkeiten und Regeln. Praktiken der Einhegung, der Besitznahme und Privatisierung treten in diesem Bereich gegen

174] Mit unterschiedlicher Akzentuierung verfolgen ein solches Raumverständnis, das sich über Praktiken definiert, die auf Teilhabe und Commoning gerichtet sind, etwa Sophia Prinz, Hilmar Schäfer „Die Öffentlichkeit der Ausstellung. Eine Dispositivanalyse heterogener Relationen des Zeigens“, in: Dank, Moeschler, Schumacher (Hg.), *Kunst und Öffentlichkeit,* 2015, S. 283–302; Tyżlik-Carver, „Curating in/as commons“, 2016; Byrne, Morgan, Paynter, Sánchez de Serdio, Železnik (Hg.), *The Constituent Museum,* 2018.

175] Nach Derrida ist Verantwortung nicht zu denken „ohne den dissidenten und erfinderischen Bruch mit der Tradition, der Autorität, der Orthodoxie, der Regel oder der Doktrin.“ Derrida, „Den Tod geben“, in: Haverkamp (Hg.), *Gewalt und Gerechtigkeit. Derrida – Benjamin,* 1994, S. 331–445, hier S. 356. Die Verantwortung für die Ausgestaltung der Verhältnisse innerhalb von Kuratorialität lässt sich von hier aus weiterführend mit Karen Barad denken, die von der „responsibility and accountability for the lively relationalities of becoming of which we are a part.“ spricht. Vgl. Barad, *Meeting the Universe Halfway,* 2007, S. 393.

solche an, die Zugänglichkeit, Teilhabe und „commoning" zum Ziel haben.**174**] In ihm spiegeln sich, symbolisch wie materiell, die Umschlagmomente (mit den darin operativ werdenden Verfahren, Strategien und Bedingungen), in denen Paternalismus und Mitgefühl, individualisierte Verwaltung und kollektive Aktualisierungsprozesse, Kontrolle und Freisetzen, Unterwerfung und Sorge, Marketing und Anerkennung einander abwechseln können.

Unabhängig davon also zu welchem Zeitpunkt oder unter welchen Umständen ein/e menschliche/r oder ein/e nicht-menschliche/r Mitspieler*in zum Gast oder zur/m Gastgeber*-in innerhalb des kuratorischen Gastfreundschaftsdispositivs wird, sind die Verhältnisse, in die er/sie eintritt aufgrund des eigenen temporären Status veränderlich und ungesichert. Da sie in ihrem ethischen Anspruch zudem aporetisch und unerfüllbar bleiben, liegt gerade darin das Potential, die gastfreundschaftliche Situation zu nutzen, um die Konventionen, Ordnungen, Regularien, Glaubenssätze und Gesetze, die diese ästhetischen, sozialen, ökonomischen und politischen Verhältnisse innerhalb von Kuratorialität diktieren, zu formen, zu verändern und neu zu fassen.**175**] Wenn in kuratorischer Gastfreundschaft trotz aller Ambivalenzen dennoch eine Verantwortungsanrufung zum Tragen kommt, dann ist es im Interesse dieser Neuaushandlungen.

A] • **Ackermann**, Marion, *Farbige Wände. Zur Gestaltung des Ausstellungsraumes von 1880 bis 1930*, München 2003. • **Adamczak**, Bini, *Beziehungsweise Revolution. 1917, 1968 und kommende*, Berlin 2017. • **Adloff**, Frank und Steffen Mau, „Zur Theorie der Gabe und Reziprozität. Einleitung", in: Dies. (Hg.), *Vom Geben und Nehmen. Zur Soziologie der Reziprozität*, Frankfurt a.M. 2005, S. 9–59. • **Adloff**, Frank und Steffen Mau, *Vom Geben und Nehmen. Zur Soziologie der Reziprozität*. Frankfurt a.M. 2005. • **Adorno**, Theodor W., *Drei Studien zu Hegel*, Frankfurt a.M. 1974. • **Adorno**, Theodor W., „Der Essay als Form", in: ders., *Noten zur Literatur*, Frankfurt a.M. 1981, S. 9–33. • **Adorno**, Theodor W., *Noten zur Literatur*, Frankfurt a.M. 1981. • **Adorno**, Theodor W., *Ästhetische Theorie*, Gesammelte Schriften, Bd. 7, Frankfurt a.M. 1997. • **Agamben**, Giorgio, *Was ist ein Dispositiv*, Zürich, Berlin 2008. • **Ahmed**, Sara, „Institutional Life", in: dies., *On Being Included. Racism and Diversity in Institutional Life*, Durham (NC) 2012, S. 19–50. • **Ahmed**, Sara, *On Being Included. Racism and Diversity in Institutional Life*, Durham (NC) 2012. • **Alberro**, Alexander, *Conceptual Art and the Politics of Publicity*, Cambridge (MA) 2003. • **Albrecht**, Andrea, „Konstellationen. Zur kulturwissenschaftlichen Karriere eines astrologisch-astronomischen Konzepts bei Heinrich Rickert, Max Weber, Alfred Weber und Karl Mannheim", in: *Scientia Poetica*, 14, 2010, S. 104–149. • **Allen**, Gwen, *Artists' Magazines. An Alternative Space for Art*, Cambridge (MA), London 2011. • **Alloa**, Emmanuel und Francesca Falk (Hg.), *BildÖkonomie. Haushalten mit Sichtbarkeiten*, München 2013. • **Appadurai**, Arjun, „Introduction: commodities and the politics of value", in: ders. (Hg.), *The Social Life of Things. Commodities in Cultural Perspective*, Cambridge (MA) 1986, S. 3–63. • **Appadurai**, Arjun (Hg.), *The Social Life of Things. Commodities in Cultural Perspective*, Cambridge (MA) 1986. • **Appadurai**, Arjun, „Tournament of Value. Arjun Appadurai in conversation with Beatrice von Bismarck and Benjamin Meyer-Krahmer", in: Beatrice von Bismarck, Benjamin Meyer-Krahmer, (Hg.), *Curatorial Things*, Berlin 2019, S. 215–226. • **Arendt**, Hannah, *Walter Benjamin. Bertold Brecht.Zwei Essays*, München 1971. • ARGE schnittpunkt (Hg.), *Handbuch Ausstellungstheorie und Praxis*, Wien, Köln, Weimar 2013. • **Ault**, Julie (Hg.), *Alternative Art New York, 1965–1985*, The Drawing Center, New York, Minneapolis (MN) 2002. • **Avgita**, Louisa, „Marketing Difference: The Balkans on Display“, in: Belting, Hans und Andrea Buddensieg (Hg.), *The Global Art World: Audiences, Markets, and Museums*, Ostfildern 2009, S. 88–97.

B] • **Bärtsch**, Tobias u.a. (Hg.), *Ökologien der Sorge*, Wien u.a. 2017. • **Bahr**, Hans-Dieter, *Die Sprache des Gastes. Eine Metaethik*, Leipzig 1994. • **Baker**, Jonny, *Curating Worship*, London 2011. • **Balzer**, David, *Curationism. How Curating Took Over the Art World and Everything Else*, London 2014. • **Barad**, Karen, *Meeting the Universe Halfway. Quantum Physics and the Entanglement of Matter and Meaning*, Durham (NC) 2007. • **Barad**, Karen, *Agentialer Materialismus. Über die Bedeutung materiell-diskursiver Praktiken*, Berlin 2012. • **Bauer**, Ute Meta, *Meta 2. A New Spirit in Curating*, Stuttgart 1992. • **Bauman**, Zygmunt, „From Pilgrim to Tourist“, in: Hall, Stuart und Paul du Gay (Hg.), *Questions of Cultural Identity*, London, Thousand Oaks (CA) 1996, S. 18–35. • **Belting**, Hans und Andrea Buddensieg (Hg.), *The Global Art World: Audiences, Markets, and Museums*, Ostfildern 2009. • **Benjamin**, Walter, „Die Aufgabe des Übersetzers“, in: ders., *Gesammelte Schriften*, IV/1, hg. v. Rolf Tiedemann und Hermann Schweppenhäuser, Frankfurt a.M. 1972, S. 9–21. • **Benjamin**, Walter, *Gesammelte Schriften*, Bd. I–VII, hg. v. Rolf Tiedemann und Hermann Schweppenhäuser, Frankfurt a.M. 1972–1989. • **Benjamin**, Walter, „Der Autor als Produzent“ (1934), in: ders., *Medienästhetische Schriften*, Frankfurt a.M. 2002, S. 231–247. • **Bennett**, Tony, „Der bürgerliche Blick. Das Museum und die Organisation des Sehens“, in: Hantelmann, Dorothea von und Caroline Meister (Hg.), *Die Ausstellung. Politik eines Rituals*, Zürich, Berlin 2010, S. 47–77. • **Bennett**, Tony, „The Stuart Hall Conjuncture“, in: *Cultural Studies Review*, 22/1 (2016), S. 282–286. • **Bennett**, Jane, *Vibrant Matter. A Political Ecology of Things*, Durham (NC) 2010. • **Berardi**, Franco aka Bifo, „Pathologien der Hyper-Expression“, in: https://transversal.at/transversal/1007/berardi-aka-bifo/de?hl=Pathologien. • **Berardi**, Franco aka Bifo, „Cognitarian Subjectivation“, in: *e-flux journal*, 20, Nov. 2010, https://www.e-flux.com/journal/20/67633/cognitarian-subjectivation/. • **Bhaskar**, Michael, *Curation: The power of selection in a world of excess*, London 2016. • Bishop, Claire, *Radical Museology: or, What's ‚contemporary' in museums of contemporary art?*, London 2013. • **Bismarck**, Beatrice von, Diethelm Stoller und Ulf Wuggenig (Hg.): *Games Fights Collaborations. Das Spiel von Grenze und Überschreitung*, Ostfildern 1996. • **Bismarck**, Beatrice von, „Der Meister der Werke. Daniel Burens Beitrag zur documenta 5 in Kassel 1972", in: Fleckner, Uwe, Martin Schieder und Michael Zimmermann (Hg.), *Jenseits der Grenzen. Französische und deutsche Kunst vom Ancien Régime bis zur Gegenwart. Thomas W. Gaehtgens zum 60. Geburtstag*, Köln 2000, S. 215–229. • **Bismarck**, Beatrice von, „Kuratorisches Handeln. Immaterielle Arbeit zwischen Kunst und Managementmodellen", in: Osten, Marion von (Hg.), *Norm der Abweichung*, Zürich, Wien, New York 2003, S. 81–98. • **Bismarck**, Beatrice von (Hg.), *Grenzbespielungen. Visuelle Politik in der Übergangszone*, Köln 2005. • **Bismarck**, Beatrice von, „Auf dem Weg zum ‚Gipfel der soziologischen Kunst'. Pierre Bourdieus selbstreflexive Praxis im Licht des fotografischen Archivs", in: Bismarck, Beatrice von, Therese Kaufmann und Ulf Wuggenig (Hg.), *Nach Bourdieu. Visualität, Kunst, Politik*, Wien 2008, S. 67–84. • **Bismarck**, Beatrice von, Therese Kaufmann und Ulf Wuggenig (Hg.), *Nach Bourdieu. Visualität, Kunst, Politik*, Wien 2008. • **Bismarck**, Beatrice von, in: „Letters to the Editors: Eleven Responses to Anton Vidokle's ‚Art Without Artists'", in: *e-flux journal*, 18, Sept. 2010. • **Bismarck**, Beatrice von, „Relations in Motion. The curatorial condition in visual art – and its possibilities for the neighbouring disciplines", in: *Frakcija*, (Themenheft: Curating Performing Arts), 55/2010, S. 50–57. • **Bismarck**, Beatrice von, „Celebrity Shifts: Curators, Individuals and Collectives", in: Schieren, Mona und Andrea Sick (Hg.), *Look at me. Celebrity Culture at the Venice Biennale*, Nürnberg 2011, S. 180–191. • **Bismarck**, Beatrice von, „Curating/Curatorial. A conversation between Irit Rogoff and Beatrice von Bismarck", in: Bismarck, Beatrice von, Jörn Schafaff und Thomas Weski (Hg.), *Cultures of the Curatorial*, Berlin 2012. • **Bismarck**, Beatrice von, Jörn Schafaff und Thomas Weski (Hg.), *Cultures of the Curatorial*, Berlin 2012. • **Bismarck**, Beatrice von, „Curating Curators", in: *Texte zur Kunst, 22/86*, Juni 2012, S. 42–61. • **Bismarck**, Beatrice von, Rike Frank, Benjamin Meyer-Krahmer, Jörn Schafaff und Thomas Weski (Hg.), *Timing – On the Temporal Dimensions of Exhibiting*, Berlin 2014. • **Bismarck**, Beatrice von und Benjamin Meyer-Krahmer, Hospitality: *Hosting Relations in Exhibitions*, Berlin 2016. • **Bismarck**, Beatrice von, Heike Munder und Peter J. Schneemann, *Now Tomorrow Flux. An Anthology on the Museum of Contemporary Art,* Zürich 2017. • **Bismarck**, Beatrice von und Benjamin Meyer-Krahmer (Hg.), *Curatorial Things,* Berlin 2019. • **Bismarck**, Beatrice von, „Curatorial Histories – Entangled Forms“, in: Bismarck, Beatrice von, Rike Frank (Hg.), *Of(f) Our Times: Curatorial Anachronics,* Berlin 2019, S. 82–89. • **Bismarck**, Beatrice von, Rike Frank (Hg.), *Of(f) OurTimes: Curatorial Anachronics,* Berlin 2019. • **Boast**, Robin, „Neocolonial Collaboration: Museum as Contact Zone Revisited“, in: *Museum Anthropology,* 34/1, 2011, S. 56–70. • **Böhme**, Gernot, *Ästhetischer Kapitalismus,* Berlin 2016. • **Bourdieu**, Pierre, „The Specificity of the Scientific Field and the Social Conditions of the Progress of Reason“, in: *Social Science Information,* 14, 1975, S. 19–47. • **Bourdieu**, Pierre, *Entwurf einer Theorie der Praxis auf der ethnologischen Grundlage der kabylischen Gesellschaft,* Frankfurt a.M. 1979. • **Bourdieu**, Pierre, „Ökonomisches Kapital, kulturelles Kapital, soziales Kapital“, in: Kreckel, Reinhard (Hg.), *Soziale Ungleichheiten* (Soziale Welt Sonderband 2), Göttingen 1983, S. 183–198. • **Bourdieu**, Pierre, *Sozialer Sinn. Kritik der theoretischen Vernunft,* Frankfurt a.M. 1987. • **Bourdieu**, Pierre, „Die Praxis der reflexiven Anthropologie. Einleitung zum Seminar an der École des hautes études en sciences sociales, Paris, Oktober 1987“, in: Bourdieu, Pierre und Loïc J. D. Wacquant (Hg.), *Reflexive Anthropologie,* Frankfurt a.M. 1996, S. 251–294. • **Bourdieu**, Pierre und Loïc J. D. Wacquant, *Reflexive Anthropologie,* Frankfurt a.M. 1996. • **Bourdieu**, Pierre, *Sketch for a Self-Analysis,* (mit einem Nachwort von Franz Schultheis), Chicago (IL) 2004. • **Bourdieu**, Pierre, „Bilder aus Algerien. Ein Gespräch mit Pierre Bourdieu von Franz Schultheis. Collège de France, Paris, 26. Juni 2001“, in: Schultheis, Franz und Christine Frisinghelli (Hg.), *Pierre Bourdieu. In Algerien,* Konstanz 2009, S. 21–52. • **Bourdieu**, Pierre, „Die Ökonomie symbolischer Güter“, in: ders., *Kunst und Kultur. Zur Ökonomie symbolischer Güter, Schriften zur Kultursoziologie 4,* hg. v. Franz Schultheis und Stephan Egger, Konstanz 2011, S. 187–223. • **Bourdieu**, Pierre, *Kunst und Kultur. Zur Ökonomie symbolischer Güter, Schriften zur Kultursoziologie 4,* hg. v. Franz Schultheis und Stephan Egger, Konstanz 2011. • **Braidotti**, Rosi, *Transpositions. On Nomadic Ethics,* Cambridge (MA) 2006. • **Braidotti**, Rosi, „Transposing Life“, in: Essed,

Philomena und Gabriele Schwab (Hg.), *Clones, Fakes and Posthuman: Cultures of Replication*, Amsterdam, New York 2012, S. 61–78 • **Braidotti**, Rosi und Maria Hlavajova (Hg.), *Posthuman Glossary*, London, New York 2018. • **Braungart**, Wolfgang und Sascha Monhoff, „‚Wir sind nur Gast auf Erden'. Symbolon, Symbol und die Theo-Poetik der Gastlichkeit", in: Friedrich, Peter und Rolf Parr (Hg.), *Gastlichkeit. Erkundungen einer Schwellensituation*, Heidelberg 2009, S. 89–102. • **Brennan**, Marcia, *Curating Consciousness. Mysticism and the Modern Museum*, Cambridge (MA), London 2010. • **Bryan-Wilson**, Julia, *Art Workers. Radical Practice in the Vietnam War Era*, Berkeley 2009. • **Bryan-Wilson**, Julia, „Still Relevant: Lucy Lippard, Feminist Activism, and Art", in: Morris, Catherine and Vincent Bonin (Hg.), *Materializing Six Years: Lucy R. Lippard and the Emergence of Conceptual Art*, Brooklyn (NY), Cambridge (MA) 2012, S. 71–92. • **Buchmann**, Sabeth, Ilse Lafer und Constanze Ruhm (Hg.), *Putting Rehearsals to the Test. Practices of Rehearsal in Fine Arts, Film, Theater, Theory, and Politics*, Berlin 2016. • **Buchmann**, Sabeth, „Economics of Information on Display", in: Bismarck, Beatrice von und Benjamin Meyer-Krahmer (Hg.), *Curatorial Things*, Berlin 2019, S. 19–35. • **Bulley**, Dan, *Migration, Ethics and Power. Spaces of Hospitality in International Politics*, London 2017. • **Buren**, Daniel, „Ausstellung einer Ausstellung", in: *documenta 5*, Museum Fridericianum und Neue Galerie Kassel, (Kat. Ausst.), Kassel 1972, S. 17–29. • **Buren**, Daniel: „Where are the Artists", in: Hoffmann, Jens, *The Next Documenta Should be Curated by an Artist*, Frankfurt a.M. 2004, S. 26. • **Busch**, Kathrin, *Geschicktes Geben. Aporien der Gabe bei Jacques Derrida*, München 2004. • **Busch**, Kathrin, „Gegeben sei: das Unsichtbare. Zur Anökonomie des Bildes", in: Alloa, Emmanuel und Francesca Falk (Hg.), *BildÖkonomie. Haushalten mit Sichtbarkeiten*, München 2013, S. 371–393. • **Byrne**, John, Eleanor Morgan, November Paynter, Aida Sánchez de Serdio und Adela Zeleznik (Hg.), *The Constituent Museum. Constellations of Knowledge, Politics and Mediation. A Generator of Social Change*, Amsterdam 2018.

C] • **Cameron**, Fiona R., „Posthuman Museum Practices", in: Braidotti, Rosi und Maria Hlavajova (Hg.), *Posthuman Glossary*, London, New York 2018, S. 349–352. • **Camic**, Charles, „Book Reviews. Science of Science and Reflexivity. By Pierre

Bourdieu“, in: *American Journal of Sociology*, 111/5 (2006), S. 1569–1571. ● **Chambers**, Iain, Alessandra de Angelis, Celeste Iannicello und Mariangela Orabona (Hg.), *The Postcolonial Museum. The Arts of Memory and the Pressure of History*, Burlington (VT) 2014. ● **Chevrier**, Jean Francois, Franck Hofmann und Jens E. Sennewald, „Montage et argumentation/ Erfahrung als Denkbewegung im Ausstellungsraum. Deux entretiens“, in: Hausbei, Kerstin, Franck Hofmann, Nicolas Hubé und Jens E. Sennewald (Hg.), *Transversale 2: Erfahrungsräume – Configurations de l'expérience*, München 2006, S. 66–73. ● **Claviez**, Thomas (Hg.), *The Conditions of Hospitality. Ethics, Politics, and Aesthetics on the Threshold of the Possible*, New York 2013. ● **Clifford**, James, „Museums as Contact Zones“, in: ders., *Routes. Travel and Translation in the Late Twentieth Century*, Cambridge (MA) 1997, S. 188–219. ● **Clifford**, James, *Routes. Travel and Translation in the Late Twentieth Century*, Cambridge (MA) 1997. ● **Costinas**, Cosmin und Ana Janevski (Hg.), *Is the Living Body the Last Thing Left Alive? The New Performance Turn, its Histories and its Institutions*, Berlin 2014. ● **Cronin**, Blaise und Deborah Shaw, „Banking (on) Different Forms of Symbolic Capital“, in: *Journal of the American Society for Information Science and Technology*, 53/14, 2002, S. 1267–1270.

D] ● **Dahlberg**, Leif, „Annlee; or, Transposition as Artistic Device“, in: Schwab, Michael (Hg.), *Transpositions. Aesthetic-Epistemic Operators in Artistic Research*, Leuven 2018, S. 97–115. ● **Dank**, Dagmar, Olivier Moeschler und Florian Schumacher (Hg.), *Kunst und Öffentlichkeit*, Wiesbaden 2015. ● **Deleuze**, Gilles, „Was ist ein Dispositiv?“, in: Ewald, Francois und Bernhard Waldenfels (Hg.), *Spiele der Wahrheit. Michel Foucaults Denken*, Frankfurt a.M. 1991, S. 153–162. ● **Derrida**, Jacques, „Den Tod geben“, in: Haverkamp, Anselm (Hg.), *Gewalt und Gerechtigkeit. Derrida – Benjamin*, Frankfurt a.M. 1994, S. 331–445. ● **Derrida**, Jacques und Anne Dufourmantelle, *Of Hospitality. Anne Dufourmantelle invites Jacques Derrida to respond*, Stanford (CA) 2000. ● **Derrida**, Jacques, *Von der Gastfreundschaft*, Wien 2001. ● **Driessens**, Olivier, „Celebrity Capital: Redefining Celebrity Using Field Theory“, in: *Theory and Society*, 42/5, 2013, S. 543–560. ● **Dufourmantelle**, Anne, „Hospitality—Under Compassion and Violence“, in: Claviez, Thomas (Hg.), *The Conditions of Hospitality. Ethics, Politics, and*

Aesthetics on the Threshold of the Possible, New York 2013, S. 13–23.

E] ● **Easterling**, Keller, *Extrastatecraft: The Power of Infrastructure Space*, London, New York 2014. ● **Eilat**, Galit, Nuria Enguita Mayo, Charles Esche, Pablo Lafuente, Luiza Proença, Oren Sagiv, and Benjamin Seroussi (Hg.), *Making Biennials in Contemporary Times. Essays from the World Biennial Forum no 2*, Amsterdam, São Paulo 2015. ● **Enwezor**, Okwui, „The Postcolonial Constellation: Contemporary Art in a State of Permanent Transition", in: *Research in African Literature*, 34/4, 2003, S. 57–82. ● **Esche**, Charles, „Temporariness, Possibility and Institutional Change", in: Sheikh, Simon (Hg.), *In the Place of the Public Sphere?*, Berlin 2005, S. 122–141. ● **Essed**, Philomena und Gabriele Schwab (Hg.), *Clones, Fakes and Posthuman: Cultures of Replication*, Amsterdam, New York 2012. ● **Ewald**, Francois und Bernhard Waldenfels (Hg.), *Spiele der Wahrheit. Michel Foucaults Denken*, Frankfurt a. M. 1991.

F] ● **Farquharson**, Alex, „Institutional Mores", in: *ONCURATING.org*, Themenheft: (New) Institution(alism), 21, Dez. 2013, S. 55–59. ● **Filipovic**, Elena (Hg.), *The Artist as Curator. An Anthology*, London, Mailand 2017. ● **Fleckner**, Uwe, Martin Schieder und Michael Zimmermann (Hg.), *Jenseits der Grenzen. Französische und deutsche Kunst vom Ancien Régime bis zur Gegenwart. Thomas W. Gaehtgens zum 60. Geburtstag*, Köln 2000. ● **Foellmer**, Susanne, Maria Katharina Schmidt und Cornelia Schmitz (Hg.), *Performing Arts in Transition. Moving between Media*, London, New York (NY) 2019. ● **Forensic Architecture** (Hg.), *Forensis. The Architecture of Public Truth*, Berlin 2014. ● **Forty**, Adrian, *Words and Buildings. A Vocabulary of Modern Architecture*, London 2004. ● **Foucault**, Michel, *Die Archäologie des Wissens*, Frankfurt a. M. 1981. ● **Foucault**, Michel, „Das Spiel des Michel Foucault" (Gespräch), in: ders., *Schriften in vier Bänden. Dits et Ecrits*, Bd. III (1976–1979), hg. von Defert, Daniel und François Ewald unter Mitarbeit von Jacques Lagrange, Frankfurt a. M. 2003, S. 391–429. ● **Fountoulakis**, Evi und Boris Previsic, „Gesetz, Politik und Erzählung der Gastlichkeit. Einleitung", in: dies. (Hg.), *Der Gast als Fremder. Narrative Alterität in der Literatur*, Bielefeld 2011, S. 7–27. ● **Fountoulakis**, Evi und Boris Previsic (Hg.), *Der Gast als Fremder. Narrative Alterität in der Literatur*, Bielefeld 2011. ● **Franck**, Georg, *Ökonomie der Aufmerksamkeit.*

Ein Entwurf, München 1998. ● **Franke**, Anselm, Juan Canela, „An ,Undisciplined' Form of Knowledge: Anselm Franke and Juan Canela in conversation", in: *Mousse Magazine*, http://mousse magazine.it/undisciplined-form-knowledge-anselm-franke/ ● **Friedrich**, Peter und Rolf Parr (Hg.), *Gastlichkeit. Erkundungen einer Schwellensituation*, Heidelberg 2009. ● **Füssel**, Marian, „Intellektuelle Felder. Zu den Differenzen von Bourdieus Wissenssoziologie und der Konstellationsforschung", in: Mulsow, Martin und Marcelo Stamm (Hg.), *Konstellationsforschung*, Frankfurt a.M. 2005, S. 188–206. ● **Fynn**, Alex, „The Curator, the Anthropologist: ,presentialism' and open-ended enquiry in process", in: Sansi, Roger (Hg.), *The Anthropologist as Curator*, London, New York 2019, S. 173–193.

G] ● **Gostmann**, Peter, *Einführung in die soziologische Konstellationsanalyse*, Wiesbaden 2016. ● **Grammel**, Søren, *Ausstellungsautorschaft. Die Konstruktion der auktorialen Position des Kurators bei Harald Szeemann. Eine Mikroanalyse*, Frankfurt a.M. 2005. ● **Grasskamp**, Walter, „Modell documenta oder wie wird Kunstgeschichte gemacht?" in: *Kunstforum international* 49, April/Mai 1982, S. 21–22. ● **Grave**, Johannes, Christiane Holm, Valérie Kobi und Caroline van Eck (Hg.), *The Agency of Display. Objects Framings and Parerga*, Dresden 2018. ● **Greenberg**, Reesa, Bruce Ferguson und Nairne Sandy (Hg.), *Thinking about Exhibitions*, London, New York 1996. ● **Gronemeyer**, Wiebke, *The Curatorial Complex. Social Dimensions of Knowledge Production*, Paderborn 2018. ● **Grosfoguel**, Ramon, „Del ,extractivismo económico' al ,extractivismo epistémico' y ,extractivismo ontológico': una forma destructiva de conocer, ser y estar en el mundo", in: *Tabula Rasa*, 24, Januar bis Juni 2016, S. 123–43. ● **Groys**, Boris, „Einführung. Das Museum im Zeitalter der Medien", in: Ders., *Logik der Sammlung. Am Ende des musealen Zeitalters*, München 1997, S. 7–24. ● **Groys**, Boris, *Logik der Sammlung. Am Ende des musealen Zeitalters*, München 1997. ● **Groys**, Boris, „The Curator as Iconoclast", in: *Bezalel. Proceedings of History and Theory*, 2, (Themenheft: Contemporary curatorship: new approaches), 2006. ● **Guattari**, Felix, „Transdisciplinarity Must Become Transversality" (1991), in: Osborne, Peter, Stella Sandford und Éric Alliez (Hg.), *Transdisciplinary Problematics*, New York 2015, S. 131–137.

H] ● **Hall**, Stuart und Paul du Gay (Hg.), *Questions of Cultural Identity*, London, Thousand Oaks (CA) 1996. ● **Han**, Byung-Chul, *Hyperkulturalität: Kultur und Globalisierung*, Berlin 2005. ● **Hanak-Lettner**, Werner, *Die Ausstellung als Drama. Wie das Museum aus dem Theater entstand*, Bielefeld 2010. ● **Hantelmann**, Dorothea von und Caroline Meister (Hg.), *Die Ausstellung. Politik eines Rituals*, Zürich, Berlin 2010. ● **Hausbei**, Kerstin, Franck Hofmann, Nicolas Hubé und Jens E. Sennewald (Hg.), *transversale 2: Erfahrungsräume – Configurations de l'expérience*, München 2006. ● **Haverkamp**, Anselm (Hg.), *Gewalt und Gerechtigkeit. Derrida – Benjamin*, Frankfurt a.M. 1994. ● **Heinich**, Nathalie und Michael Pollack, „From Museum Curator to Exhibiton Auteur. Inventing a singular position", in: Greenberg, Reesa, Bruce Ferguson und Sandy Nairne (Hg.), *Thinking about Exhibitions*, London, New York 1996, S. 231–250. ● **Heinich**, Nathalie, „Werke in Wandlung", in: *Passagen*, Themenheft: Kunstmarkt Schweiz: Zwischen Kreativität und Kalkül, 35, 2003, S. 8–11. ● **Heinich**, Nathalie, *De la visibilité: Excellence et singularité en régime médiatique*, Paris 2012. ● **Hentschel**, Christine und Susanne Krasmann, „Acts of Exposure and their Affective Publics", in: dies. (Hg.), *„Exposure" – Verletzlichkeit und das Politische in Zeiten radikaler Ungewissheit*, Bielefeld 2020, S. 15–34. ● **Hentschel**, Christine und Susanne Krasmann (Hg.), *„Exposure"–Verletzlichkeit und das Politische in Zeiten radikaler Ungewissheit*, Bielefeld 2020. ● **Hernandez-Navarro**, Miguel A., „The Curator's Demands. Towards an Ethics of Commitment", in: *MJ manifesta Journal*, 12, 2012, S. 5–12. ● **Hnilica**, Irmtraud, „Von Mäusen und Männern. Prolegomena zu einer Narratologie der Gastlichkeit", in: *IASL Online*, 7. Dezember 2009, https://www.iasl online.lmu.de/index.php?vorgang_id=3053. ● **Hoffmann**, Jens, *The Next Documenta Should be Curated by an Artist*, Frankfurt a.M. 2004. ● **Hoffmann**, Jens (Hg.), *Ten Fundamental Questions of Curating*, Mailand 2013. ● **Honold**, Alexander, „Im Gasthaus. Spielräume der Gast-Wirtschaft zwischen Theologie und Ökonomie", in: Friedrich, Peter und Rolf Parr (Hg.), *Gastlichkeit*, Heidelberg 2009, S. 133–156. ● **Huyssen**, Andreas, „Escape from Amnesia: The Museum as Mass Medium", in: ders., *Twilight Memories. Marking Time in a Culture of Amnesia*, New York 1995, S. 13–35. ● **Huyssen**, Andreas, *Twilight Memories. Marking Time in a Culture of Amnesia*, New York 1995.

J] • **Jaeggi**, Rahel, „Aneignung braucht Fremdheit“, in: *Texte zur Kunst*, 46, Juni 2002, S. 60–69. • **Jaschke**, Beatrice, Charlotte Martinez-Turek und Nora Sternfeld (Hg.), *Wer spricht? Autorität und Autorschaft in Ausstellungen*, Wien 2005. • **Jaschke**, Beatrice und Nora Sternfeld (Hg.), *educational turn. Handlungsräume der Kunst- und Kulturvermittlung*, Wien, Berlin 2012.

K] • **Katti**, Christian, „Mediating Political ‚Things' and the Forked Tongue of Modern Culture: A Conversation with Bruno Latour“, in: *Art Journal*, 65/1, 2006, S. 94–115. • **Klonk**, Charlotte, *Spaces of Experience. Art Gallery Interiors from 1800 to 2000*, New Haven (CT), London, 2009. • **Kneer**, Georg, Markus Schroer und Eberhard Schüttpelz (Hg.), *Bruno Latours Kollektive: Kontroversen zur Entgrenzung des Sozialen*, Frankfurt a.M. 2008. • **Koch**, Georg Friedrich, *Die Kunstausstellung: Ihre Geschichte von den Anfängen bis zum Ausgang des 18. Jahrhunderts*, Berlin 1967. • **Kopytoff**, Igor, „The Cultural Biography of Things: commoditization in process“, in: Appadurai, Arjun (Hg.), *The Social Life of Things. Commodities in Cultural Perspective*, Cambridge (MA) 1986, S. 64–69. • **Kravagna**, Christian, „Postkoloniale Ausstellungen im Kunstfeld“, in: ARGE schnittpunkt (Hg.), *Handbuch Ausstellungstheorie und Praxis*, Wien, Köln, Weimar 2013, S. 51–52. • **Kreckel**, Reinhard (Hg.), *Soziale Ungleichheiten*, (Soziale Welt Sonderband 2), Göttingen 1983 • **Krysa**, Joasia, *SOFTWARE CURATING: The Politics of Curating in/as (an) Open System(s)*, (Dissertationsschrift, University of Plymouth), Plymouth 2008. • **Krysa**, Joasia, „Some Questions on Curating as (Public) Interface to the Art Market“, in: *APRJA*, 1/1, 2011. • **Krysa**, Joasia, „The Politics of Contemporary Curating: A Network Perspective“, in: Martin, Randy (Hg.), *The Routledge Companion to Art and Politics*, New York 2015, S. 114–121. • **Krysa**, Joasia (Hg.), *Systemics (or, Exhibition as Series): index of exhibitions and related materials, 2013–2014*, Berlin 2017.

L] • **Lash**, Scott, „Objekte, die urteilen: Latours Parlament der Dinge“, *translate.eipcp.net* (01/2007), https://translate.eipcp.net/transversal/0107/lash/de.html • **Latour**, Bruno, *We Have Never Been Modern*, Cambridge (MA) 1993. • **Latour**, Bruno, „Ein Kollektiv von Menschen und nichtmenschlichen Wesen. Auf dem Weg durch Dädalus' Labyrinth“, in: ders.: *Die Hoffnung der Pandora. Untersuchungen zur Wirklichkeit der Wissenschaft*, Frankfurt a.M. 2000. • **Latour**, Bruno, *Die Hoffnung* *der Pandora. Untersuchungen zur Wirklichkeit der Wissenschaft,* Frankfurt a.M. 2000. ● **Latour**, Bruno, „Why Has Critique Run out of Steam? From Matters of Fact to Matters of Concern", in: *Critical Inquiry,* 30, 2004, S. 225–248. ● **Latour**, Bruno, „From Realpolitik to Dingpolitik or How to Make Things Public", in: Latour, Bruno und Peter Weibel (Hg.), *Making Things Public: Atmospheres of Democracy,* Cambridge (MA) 2005, S. 14–41. ● **Latour**, Bruno und Peter Weibel (Hg.), *Making Things Public. Atmospheres of Democracy.* Cambridge (MA) 2005. ● **Lehr**, Andreas, *Kleine Formen. Adornos Kombinationen: Konstellation/Konfiguration, Montage und Essay,* (Inaugural-Dissertation Phil. Fakultät der Albert-Ludwig Univ. Freiburg i. Brsg. WS 1999/2000), https: //freidok.uni-freiburg.de/data/27. ● **Lepecki**, André, „Thing/Dance/Vagueness. Choreographic Challenges to Curating", in: Bismarck, Beatrice von und Benjamin Meyer-Krahmer (Hg.), *Curatorial Things,* Berlin 2019, S. 103–117. ● **Lind**, Maria, „The Collaborative Turn", in: Billing, Johanna, Maria Lind und Lars Nilsson (Hg.), *Taking the Matter into Common Hands. On Contemporary Art and Collaborative Practice,* London 2007, S. 15–31. ● **Lippard**, Lucy R., „Biting the Hand. Artists and Museums in New York since 1969", in: Ault, Julie (Hg.), *Alternative Art New York,* 1965–1985, *The Drawing Center,* New York, Minneapolis (MN) 2002, S. 79–120. ● **Lütticken**, Sven, *Life, once more: forms of reenactment in contemporary art.* (on the occasion of the Exhibition „Life, Once More" Witte de With 2005), Rotterdam 2005. ● **Lütticken**, Sven, „Fetishize This! Artefacts and other Agents at the Edge of Art", in: Bismarck, Beatrice von und Benjamin Meyer-Krahmer (Hg.), *Curatorial Things,* Berlin 2019, S. 282–309.

M] ● **Malzacher**, Florian und Joanna Warsza (Hg.), *Empty Stages, Crowded Flats. Performativity as Curatorial Strategy,* Berlin 2017. ● **Malzacher**, Florian , „I Guess the Objects Remained Rather Unimpressed.", Florian Malzacher in conversation with Beatrice von Bismarck und Benjamin Meyer-Krahmer, in: Bismarck, Beatrice von und Benjamin Meyer-Krahmer (Hg.), *Curatorial Things,* Berlin 2019, S. 119–130. ● **Mannheim**, Karl, *Ideologie und Utopie,* Bonn 1929. ● **Maraniello**, Gianfranco, Sergio Risalti und Antonio Somaini (Hg.), *Il dono: Offerta, ospidalità, insidia/The Gift: Generous Offerings, Threatening Hospitality,* Palazzo delle Papese, Centro Arte Contemporanea, Siena, (Kat. Ausst.), Mailand 2001. ● **Marchart**, Oliver, *Hege-*

monie im Kunstfeld – Die Documenta-Ausstellungen dX, D11, d12 und die Politik der Biennalisierung, Berlin 2008. • **Marchart**, Oliver, „Das kuratorische Subjekt. Die Figur des Kurators zwischen Individualität und Kollektivität“, in: *Texte zur Kunst,* 22/85, Juni 2012, S. 28–41. • **Marchart**, Oliver, „Zehn Thesen zur Globalisierung der Kunst anhand der ‚Biennalen des Widerstands‘“, in: *Paragrana* 26/1, 2017, S. 94–99. • **Marchart**, Oliver, *Conflictual Aesthetics. Artistic Activism and the Public Sphere,* Berlin 2019. • **Marincola**, Paula und Robert Storr, *Curating Now: Imaginative Practice/Public Responsibility,* Philadelphia (PA) 2001. • **Martin**, John Levi, „What is Field Theory?“, in: *American Journal of Sociology,* 109/1, 2003, S. 1–49. • Martin, Randy (Hg.), *The Routledge Companion to Art and Politics,* New York 2015. • **Martin**, Sarah und Sune Nordgren (Hg.), *The Producers: Contemporary Curators in Conversation,* Newcastle 2000. • **Martinon**, Jean-Paul (Hg.), *The Curatorial: A Philosophy of Curating,* London, New York 2013. • **Massumi**, Brian, *Parables for the Virtual. Movement, Affect, Sensation,* Durham (NC) 2002. • **Mauss**, Marcel, *Die Gabe. Form und Funktion des Austauschs in archaischen Gesellschaften,* Frankfurt a.M. 1968. • **McShine**, Kynaston, *Museum as Muse. Artists reflect,* New York 1999. • **Menke**, Christoph und Juliane Rebentisch (Hg.), *Kunst, Fortschritt, Geschichte,* Berlin 2006. • **Mersch**, Dieter, „Alchemistic Transpositions: On Artistic Practices of Transmutation and Translation“, in: Schwab, Michael (Hg.), *Transpositions. Aesthetic-Epistemic Operators in Artistic Research,* Leuven 2018, S. 267–279. • **Meyers** Konversationslexikon, Leipzig, Wien 1885–1892, https://www.retrobibliothek.de/retrobib/seite.html?id=109664. • **Michalka**, Matthias (Hg.), *to expose, to show, to demonstrate, to inform, to offer. Künstlerische Praktiken um 1990,* Köln 2016. • **Milevska**, Suzana, „Becoming-Curator“, in: Martinon, Jean-Paul (Hg.), *The Curatorial. A Philosophy of Curating,* London, New York 2013. • **Minichbaur**, Raimund, „Kognitiver Kapitalismus, General Intellect und die Politiken der kollektiven Intelligenz“, in: *creating worlds, eipcp,* 02/2019, https://www.eipcp.net/projects/creatingworlds/minichbauer/de.html. • **Mitchell**, Timothy, „The World as Exhibition“, in: *Comparative Studies in Society and History,* 31/2, April 1989, S. 217–236. • **Mörsch**, Carmen, Angeli Sachs und Thomas Sieber (Hg.), *Contemporary Curating and Museum Education,* Bielefeld 2017. • **Molis**, Katja,

Kuratorische Subjekte. Praktiken der Subjektivierung in der Aus- und Weiterbildung im Kunstbetrieb, Bielefeld 2019. • **Molz**, Jennie Germann und Sarah Gibson, *Mobilizing Hospitality: The Ethics of Social Relations in a Mobile World*, Farnham 2007. • **Morris**, Catherine and Vincent Bonin (Hg.), *Materializing Six Years: Lucy Lippard and The Emergence of Conceptual Art*, Brooklyn (NY), Cambridge (MA) 2012. • **Müller**, Vanessa Joan und Nikolaus Schafhausen (Hg.), *Under Construction: Perspectives on Institutional Practices*, Köln 2006. • **Mulsow**, Martin, „Zum Methodenprofil der Konstellationsforschung", in: Mulsow, Martin und Marcelo Stamm (Hg.), *Konstellationsforschung*, Frankfurt a.M. 2005, S. 74–100. • **Mulsow**, Martin und Marcelo Stamm (Hg.), *Konstellationsforschung*, Frankfurt a.M. 2005. • **Munder**, Heike und Ulf Wuggenig (Hg.), *Das Kunstfeld. Eine Studie über Akteure und Institutionen der zeitgenössischen Kunst*, Zürich 2012. • **Myers**, Jacob D., *Curating Church: Strategies for Innovative Worship*, Nashville (TN) 2018.

N] • **Nail**, Thomas, „What is an Assemblage?", in: *SubStance*, 1/42, 2017, S. 21–37. • **Nancy**, Jean-Luc, *The Ground of the Image*, New York 2005. • **Negri**, Toni, Maurizio Lazzarato und Paolo Virno, *Umherschweifende Produzenten. Immaterielle Arbeit und Subversion*, Berlin 1998. • **Neun**, Oliver, „Zwei Ansätze der Soziologie der Soziologie: Karl Mannheim und Pierre Bourdieu im Vergleich", in: *Österreichische Zeitschrift für Soziologie*, 40, 2015, S. 373–390. • **Nowotny**, Stefan und Gerald Raunig, *Instituierende Praxen – Bruchlinien der Institutionskritik*, Wien 2008. • **Nowotny**, Stefan, „The Curator Crosses the River", in: Martinon, Jean-Paul (Hg.), *The Curatorial: A Philosophy of Curating*, London, New York 2013, S. 59–64.

O] • **O'Neill**, Paul und Mick Wilson (Hg.), *Curating and the Educational Turn*, London 2010. • **O'Neill**, Paul, „The Curatorial Constellation and the Paracuratorial Paradox", in: *The Exhibitionist*, 6, 2012, S. 55–60. • **Osborne**, Peter, „Problematizing Disciplinarity, Transdisciplinary Problematics", in: ders., Stella Sandford und Éric Alliez (Hg.), *Transdisciplinary Problematics*, New York 2015, S. 3–35. • **Osborne**, Peter, Stella Sandford und Éric Alliez (Hg.), *Transdisciplinary Problematics*, New York 2015. • **Osten**, Marion von (Hg.), *Norm der Abweichung*, Zürich, Wien, New York 2003.

P] • **Pearce**, Susan M., *Museums, Objects and Collections. A Cultural Study*, London 1992. • **Pelzer**, Birgit, „Michael Asher", in: McShine, Kynaston, *Museum as Muse. Artists reflect,* New York 1999, S. 157. ● **Pethes**, Nicolas, „Konstellationen. Erinnerung als Kontinuitätsunterbrechung in Walter Benjamins Theorie von Gedächtnis, Kultur und Geschichte" (ohne Datum), http://idsl1.phil-fak.uni-koeln.de/filead min/IDSLI/dozentenseiten/Pethes/Pethes_Benjamin_Konstellationen.pdf, in: O'Neill, Paul und Mick Wilson (Hg.), *Curating and the Educational Turn,* London 2010, S. 83–96. ● **Povinelli**, Elisabeth, *Aesthetic Analytics #2 – The Infrastructure Summit,* 3. September 2016, Bergen Assembly – freethought's The Infrastructure Summit, https://vimeo.com/228792464. ● **Pratt**, Mary Louise, „Arts of the Contact Zone", in: *Profession,* 1991, S. 33–40. ● **Pratt**, Mary Louise, *Imperial Eyes: Travel Writing and Transculturation,* London 1992. ● **Prinz**, Sophia und Hilmar Schäfer, „Die Öffentlichkeit der Ausstellung. Eine Dispositivanalyse heterogener Relationen des Zeigens", in: Dank, Dagmar, Olivier Moeschler und Florian Schumacher (Hg.), *Kunst und Öffentlichkeit,* Wiesbaden 2015, S. 283–302. ● **Puig de la Bellacasa**, Maria, „Ein Gefüge vernachlässigter ‚Dinge'", in: Bärtsch, Tobias u. a. (Hg.), *Ökologien der Sorge,* Wien u. a. 2017, S. 137–188.

Q] ● **Querrien**, Anne, „Übersetzen, verschieben, pflegen, erschaffen. Eine minoritäre Tätigkeit", in: *translate.eipcp.net,* 11/2006, https://transversal.at/transversal/1206/querrien/de?hl=anne%20Querrien.

R] ● **Rebentisch**, Juliane, *Ästhetik der Installation,* Frankfurt a. M. 2003. ● **Reckitt**, Helena, „Support Acts. Curating, Caring and Social Reproduction", in: *Journal of Curatorial Studies,* 5/1, 2016, S. 6–30. ● **Reckwitz**, Andreas, *Die Erfindung der Kreativität. Zum Prozess gesellschaftlicher Ästhetisierung,* Berlin 2012. ● **Reckwitz**, Andreas, „Die Transformation der Sichtbarkeitsordnungen", in: ders.: *Kreativität und soziale Praxis. Studien zur Sozial- und Gesellschaftstheorie,* Bielefeld 2016, S. 271–284. ● **Reckwitz**, Andreas, *Kreativität und soziale Praxis. Studien zur Sozial- und Gesellschaftstheorie,* Bielefeld 2016. ● **Reckwitz**, Andreas, *Die Gesellschaft der Singularitäten,* Berlin 2017 ● **Rheinberger**, Hans-Jörg, „Transpositions: From Traces through Data to Models and Simulations", in: Schwab, Michael (Hg.), *Transpositions. Aesthetic-Epistemic Operators in Artistic Research,* Leuven 2018, S. 215–224. ● **Richardson**, John G. (Hg.), *Handbook of Theory of Research for the Sociology* *of Education*, New York 1986. • **Rogoff**, Irit, „Smuggling – A curatorial model", in: Müller, Vanessa Joan und Nikolaus Schafhausen (Hg.), *Under Construction: Perspectives on Institutional Practices*, Köln 2006, S. 124–127. • **Rogoff**, Irit und Beatrice von Bismarck, „Curating/Curatorial: A Conversation between Irit Rogoff and Beatrice von Bismarck", in: Bismarck, Beatrice von, Jörn Schafaff und Thomas Weski (Hg.), *Cultures of the Curatorial*, Berlin 2012, S. 20–38. • **Rosello**, Mireille, „Conviviality and Pilgrimage: Hospitality as Interruptive Practice", in: Claviez, Thomas (Hg.), *The Conditions of Hospitality. Ethics, Politics, and Aesthetics on the Threshold of the Possible*, New York 2013, S. 132–33.

S] • **Sansi**, Roger (Hg.), *The Anthropologist as Curator, London*, New York (NY) 2019. • **Sarr**, Felwine und Bénédicte Savoy, *The Restitution of African Cultural Heritage: Toward a New Relational Ethics*, Paris 2018. • **Savoy**, Bénédicte. *Objets de désir, désir d'objets: Histoire culturelle du patrimoine artistique en Europe, XVIIIe-XXe siècle*, Paris 2017. • **Savoy**, Bénédicte, *Die Provenienz der Kultur. Von der Trauer des Verlusts zum universalen Menschheitserbe*, Berlin 2018. • **Schaffer**, Johanna, *Ambivalenzen der Sichtbarkeit. Über die visuellen Strukturen der Anerkennung*, Bielefeld 2008. • **Schieren**, Mona und Andrea Sick (Hg.), *Look at me. Celebrity Culture at the Venice Biennale*, Nürnberg 2011. • **Schinkel**, Willem, *„Sociological discourse of the relational: the cases of Bourdieu & Latour", in: The Sociological Review*, 55/4, 2007, S. 707–729. • **Schneemann**, Peter (Hg.), *Localizing the Contemporary. The Kunsthalle Bern as a Model*, Basel 2018. • **Schroer**, Markus, „Vermischen, Vermitteln, Vernetzen: Bruno Latours Soziologie der Gemenge und Gemische im Kontext", in: Kneer, Georg, Markus Schroer und Eberhard Schüttpelz (Hg.), *Bruno Latours Kollektive: Kontroversen zur Entgrenzung des Sozialen*, Frankfurt a.M. 2008, 375–78. • **Schultheis**, Franz, „Nachwort", in: Bourdieu, Pierre, *Ein soziologischer Selbstversuch*, Frankfurt a.M. 2002, S. 133–151. • **Schultheis**, Franz, „Pierre Bourdieu und Algerien. Eine Wahlverwandtschaft", in: Schultheis, Franz und Christine Frisinghelli (Hg.), *Pierre Bourdieu. In Algerien. Zeugnisse der Entwurzelung*, Graz 2003, S. 9–20. • **Schultheis**, Franz und Christine Frisinghelli (Hg.), *Pierre Bourdieu. In Algerien. Zeugnisse der Entwurzelung*, Graz 2003. • **Schwab**, Michael, „Introduction", in: ders. (Hg.), *Transpositions. Aes-*

thetic-Epistemic Operators in Artistic Research, Leuven 2018, S. 7–21. • **Schwab**, Michael, „Transpositionality and Artistic Research", in: ders. (Hg.), *Transpositions. Aesthetic-Epistemic Operators in Artistic Research*, Leuven 2018, S. 191–213. • **Schwab**, Michael (Hg.), *Transpositions. Aesthetic-Epistemic Operators in Artistic Research*, Leuven 2018. • **Seel**, Martin, *Ästhetik des Erscheinens*, München, Wien 2000. • **Sheikh**, Simon (Hg.), *In the Place of the Public Sphere?*, Berlin 2005. • **Smith**, Linda Tuhiwai, *Decolonizing Methodologies: Research and Indigenous Peoples*, London 1999. • **Smith**, Stephanie, *Feast: Radical Hospitality in Contemporary Art*, Smart Museum Chicago u.a., (Kat. Ausst.) Chicago 2013. • **Smith**, Terry, *Thinking Contemporary Curating*, New York 2012. • **Spivak**, Gayatri Chakravorty, „Responsibility", in: *boundary 2*, 21/3, Herbst 1994, S. 19–64. • **Stamm**, Marcelo R., „Konstellationsforschung – Eine Methodenprofil: Motive und Perspektiven", in: Mulsow, Martin und Marcelo Stamm (Hg.): *Konstellationsforschung*, Frankfurt a.M. 2005, S. 31–73. • **Sternfeld**, Nora, *Das radikaldemokratische Museum*, Berlin 2018. • **Steyerl**, Hito, „Die Sprache der Dinge", in: transversal.eipcp.net, 6, 2006, https://transversal.at/transversal/0606/steyerl/de.

T] • **Tallant**, Sally und Paul Domela, *The Unexpected Guest. Art, Writing and Thinking on Hospitality*, 7. Liverpool Biennale, (Kat. Ausst.), London 2012. • **Tyżlik-Carver**, Magda, „Interfacing the Commons: Curatorial System as a Form of Production on the Edge", Vortrag, Public Interfaces-Konferenz und PhD-Workshops, Digital Aesthetics Research Center, Universität Aarhus, 12–14. Januar 2011, https://www.academia.edu/5701507/Interfacing_the_Common_Curatorial_System_as_a_form_of_Production_on_the_Edge. • **Tyżlik-Carver**, Magdalena, *Curating in/as Commons. Posthuman Curating and Computational Cultures*, Aarhus University (Dissertationsschrift) 2016, https://www.academia.edu/29844696/Curating_in_as_Common_s_Posthuman_Curating_and_Computational_Cultures.

U] • **Urry**, John, *The Tourist Gaze*, Los Angeles 2002.

V] • **Vidokle**, Anton, „Art Without Artists?", in: *e-flux journal*, 16, Mai 2010. • **Vishmidt**, Marina, „de-, dis-, ex- über Immaterielle Arbeit. Ein Gespräch mit Marina Vishmidt, geführt von Marion von Osten", in: *transversal texts, eipcp*, 4, 2004, http://www.republicart.net/disc/precariat/vishmidt-osten01_de.htm.

• **Vishmidt**, Marina, „Between Not Everything and Not Nothing: Cuts Toward Infrastructural Critique“, in: Hlavajova, Maria und Simon Sheikh (Hg.): *Former West. Art and the Contemporary After 1989*, Utrecht, Cambridge (MA), London 2016, S. 265–269. • **Voß**, Torsten, „Das Gastmahl und die Rezepte der Rache. Inszenierungsformen eines Missbrauchs der Gastfreundschaft bei Seneca, Shakespeare und Felix Dahn“, in: Friedrich, Peter und Rolf Parr (Hg.), *Gastlichkeit*, Heidelberg 2009, S. 215–237.

W] • **Waugh**, Emily, *Recycling Spaces: Curating Urban Evolution. The Work of Martha Schwartz Partners*, San Francisco 2012. • **Wawrzyn**, Lienhard, *Walter Benjamins Kunsttheorie. Kritik einer Rezeption*, Darmstadt 1973.

Alle Links zu den angegebenen Webseiten wurden zuletzt am 29. Februar 2020 aufgerufen.

BEATRICE VON BISMARCK
Das Kuratorische

Lektorat
Clemens Krümmel, Jan Wenzel
Gestaltung
Markus Dreßen
Schrift
Academica, www.stormtype.com
Theinhardt, www.optimo.ch
Papier
Schleipen Werkdruck 15, hochweiß, 90 g/m²
Druck und Bindung
Gutenberg Beuys Feindruckerei GmbH,
www.feindruckerei.de

Erschienen im Verlag
Spector Books, Harkortstraße 10, 04107 Leipzig
www.spectorbooks.com

Distribution
Deutschland, Österreich:
GVA, Gemeinsame Verlagsauslieferung Göttingen
GmbH & Co. KG, www.gva-verlage.de
Schweiz: AVA Verlagsauslieferung AG, www.ava.ch

Gefördert von der VolkswagenStiftung

1. Auflage

Printed in Germany

ISBN 978-3-95905-394-5

Beatrice von Bismarck lehrt Kunstgeschichte, Bildwissenschaften und Kulturen des Kuratorischen an der Hochschule für Grafik und Buchkunst Leipzig. Sie war Kuratorin der Abteilung des 20. Jahrhundert am Städel Museum, Frankfurt a. M., Mitbegründerin und -direktorin des *Kunstraum* der Universität Lüneburg und in Leipzig Initiatorin des M.A. Programms Kulturen des Kuratorischen (2009). Für ihr Forschungsprojekt zum „Kuratorischen" erhielt sie die „Opus Magnum"-Förderung der Volkswagen-Stiftung, Hannover.